# *Construyendo* el Reino de Dios

## Historias y reflexiones de todo el mundo

*P. José Marins y equipo*

I0807861

LIBROS LIGUORI
One Liguori Drive ▼ Liguori, MO 63057-9999

Imprimi Potest:
Thomas D. Picton, C.Ss.R.
Provincial de la Provincia de Denver
Los Redentoristas

ISBN 978-0-7648-1664-2
Número de la tarjeta de la Biblioteca del Congreso: 2007929882

© 2007, Libros Liguori
Impreso en Estados Unidos
07 08 09 10 11  5 4 3 2 1

Todos los derechos reservados. Ninguna parte de este folleto puede ser reproducida, guardada en un sistema de computadora o transmitida sin el permiso por escrito de Libros Liguori.

Todas las citas han sido tomadas de la *Biblia de América*, cuarta edición, 1994.

La Editorial Liguori es una institución con fines no lucrativos y es un apostolado de los Redentoristas de la Provincia de Denver. Para conocer más acerca de los Redentoristas, visite la página web Redemptorists.com.

Para pedidos, llame al 1-800-325-9521
www.liguori.org

# ÍNDICE

# INTRODUCCIÓN

Los últimos siglos están siendo de los más fascinantes, inspiradores y, a veces, desastrosos de entre los que hasta ahora ha vivido la humanidad. Para darse cuenta de ello, basta mencionar una serie de eventos, sin necesidad siquiera de ordenarlos:

- separamos el átomo;
- lanzamos por los aires aviones y cápsulas especiales; caminamos por la luna; enviamos satélites a otros planetas y conseguimos fotografiarlos, controlando las cámaras desde millones de kilómetros de distancia;
- elaboramos la teoría general de la relatividad;
- inventamos los transistores y logramos meter millones de ellos juntos en pequeños microchips;
- descubrimos la penicilina y la estructura del DNA;
- desarrollamos el cine, la televisión y todo lo que son los modernos medios de comunicación (cable, internet, e-mail);
- construimos grandes centros comerciales;
- globalizamos la vida, haciendo de este mundo un único mundo;
- creamos más pobres, que ahora ya son desechables como individuos y como naciones.

Este tercer milenio de la era cristiana se presenta no sólo como un cambio en el calendario, sino también como un cambio de cultura, de sociedad y de modelo de Iglesia. Más que cambios dentro de una época, lo que estamos viviendo es un auténtico cambio de época.

Todo ello invita a hacer una lectura de nuestra historia con detenimiento, donde vayamos más allá de la simple enumeración de acontecimientos. Imperios y pueblos que suben a la cumbre para después ceder el lugar a otros, acontecimientos épicos, batallas, masacres, conquistas, viajes, desastres naturales, generaciones, genios y héroes, santos y bandidos, avances científicos y técnicos, conquistas de los espacios siderales y del código genético... Miles y miles de hechos históricos se han ido sucediendo. ¿Están todos esos datos desconectados entre sí o responden a un misterioso diseño? ¿Tienen algún sentido en conjunto?

Por otra parte, las comunicaciones, controladas por las exigencias de la sociedad de consumo, han llegado a tener una presencia y dominio masivos entre las masas humanas contemporáneas. Sus propuestas son epidérmicas, dirigidas preferentemente a los instintos y ordinariamente de corto alcance. Crean deseos, que se transforman en necesidades jamás plenamente satisfechas[1]. Los vacíos personales y sociales aumentan y amenazan la vida. Se multiplican los síntomas de alerta de peligro en nuestra sociedad.

## CLONAR, ¿A QUIEN?

En 1977 una revista norteamericana hizo un sondeo para identificar a la persona más significativa del presente milenio. Resultó ser Francisco de Asís. Otra pregunta del sondeo era "¿A quién valdría la pena clonar?". La mayoría de las respuestas dieron el nombre no de un varón, una joven artista o una reina de belleza sino de la Madre Teresa de Calcuta.

1. "Está surgiendo un nuevo estilo humano de vivir... La post-modernidad expresa el estilo de vida de la nueva generación tanto en Japón, Corea, China, India o Indonesia, como en Europa, América del Norte o América Latina... Se trata de una nueva generación con un nuevo estilo sin continuidad con las generaciones anteriores. Es también una generación sin futuro, sin proyecto, sin previsión, sin seguridad, sin obligaciones para con la sociedad, sin ganas de sacrificar algo del presente para construir un futuro mejor, en el cual no cree. Descree de la política y de la transformación social. No se ve ninguna diferencia entre verdad y error, entre bien y mal. Todo depende del punto de vista, del tiempo y del humor de la persona. Cada individuo se coloca en un punto de vista superior a todo lo que acontece en el mundo y hace su apreciación de acuerdo con la sensación del momento, siempre con la reserva de que nada puede realmente ser vivido en serio" (J. Comblin, *Reino de Dios: Utopía Profética de Jesús en la vivencia cristiana de hoy,* en "Vida Pastoral", noviembre-diciembre 1997, pp. 2-7).

Desde la perspectiva cristiana, la historia humana tiene un horizonte común, una referencia definitiva, que orienta y al mismo tiempo cuestiona a cada individuo, cultura, pueblo y nación, como también a la misma Iglesia: el Reino de Dios, meta y proceso que integra todo lo creado en la plenitud del Cristo (1 Cor 34: 21-23 y 1 Cor 15:28). El Reino es gratuidad, regalo de lo alto y al mismo tiempo, desafío y conquista de la humanidad cuya vocación es la de ser y actuar como Pueblo de Dios. Las parábolas siguientes nos hablan sobre la necesidad de ese horizonte final.

## EL BOEING 747-400

*El Boeing 747-400 es una de las grandes maravillas de la aerodinámica de vuelo. Tiene mayor potencia y mayor autonomía de vuelo que cualquiera de los otros grandes aviones. Es también más rápido, gracias al peculiar diseño de sus alas cuyas puntas están vueltas hacia arriba.*

*Después del despegue, una azafata vino a anunciar a Ricardo que el capitán, habiéndole identificado entre los pasajeros como un importante líder obrero del país, lo invitaba a pasar a la primera clase. Allí el ambiente era más refinado que en la clase turista: asientos reclinables, que se convertían casi en una cama, excelente comida, música estereofónica y video individuales. Constantemente las simpáticas azafatas le ofrecían bebidas, bocadillos, revistas y periódicos. Ricardo se sintió privilegiado con la "promoción" y ya estaba imaginando el impacto que causaría en sus hijos y en su esposa cuando les contase todos los detalles de aquella aventura. "Una cosa es cierta, pensaba para sus adentros, ¡este viaje ha sido un éxito!".*

La conclusión de Ricardo, sin embargo, era incompleta. Incluso podría estar equivocada. Lo decisivo, en verdad, no es viajar en clase turística o en primera, sino encontrar la respuesta a las preguntas claves, como ¿hacia dónde va el avión? Y ¿cuál es el sentido del viaje? Si

Ricardo quería llegar a Hawai, pero terminó en Haití, ¿de qué le valió viajar en primera clase? El viaje le salió equivocado.

Los hombres y mujeres de esta época pueden sentir orgullo del progreso alcanzado, de tener una estructura técnicamente maravillosa y de las comodidades, prestigio y eficacia que todo ello conlleva. Pero eso no es todo, ni lo más importante. En esa perspectiva, lo que debería ser sólo punto de partida, corre el peligro de transformarse en punto de llegada y lo accidental se confunde con lo esencial.

A lo largo de la historia, la humanidad ha ido cambiando muchísimo. Como un avión, se mueve a gran velocidad. Ello despierta una euforia contagiosa. ¡Estamos avanzando! Pero, ¿hacia dónde? El viaje durará unas horas, y después, ¿qué? Las referencias fundamentales de la vida y de la historia están en cuestión.

Los éxitos en los medios no significan, automáticamente, éxito con relación a la meta. Alcanzarla o perderla es el desafío supremo a la vida de cada persona y a la misma historia de la humanidad, tomada en conjunto. La meta no es algo que pertenezca a un futuro lejano, sino que está ya condicionando el presente. La meta condiciona el "hoy" de la vida, su densidad, su estilo, su amplitud, las relaciones humanas en lo económico, político, cultural, etc. y las mediaciones que se usan.

Por eso las generaciones deben cuestionarse hacia dónde van. ¿Hacia donde apuntan el conjunto de estructuras, medios y actividades que constituyen nuestro mundo? ¿Qué sentido tiene todo lo que se sufre? ¿Qué estamos buscando? ¿Qué valor tiene la vida individual? ¿Hay una vocación común para la humanidad? ¿Cuál es la meta colectiva de la historia? ¿Cuál su riesgo?

Para nosotros, desde el punto de vista cristiano, dos cuestiones son claves en este proceso:

1. ¿Cómo se ubica el evento cristiano de cara a la historia humana, globalmente considerada? ¿Cuál es su especificidad?
2. ¿Qué podemos aportar de específico los cristianos en el alborear de un nuevo milenio para la humanidad?

## ¿BONSAI O RESERVA ECOLÓGICA?

*El Padre Paulo Suess, director de la facultad de misionología en São Paulo en Brasil, responde en dos frases a la primera de las preguntas formuladas más arriba: "El Reino de Dios no es una reserva ecológica sino escatológica. El Árbol de la Vida no es un Bonsai".*

Para algunos lo mejor sería conseguirse un avión cristiano, despegando "desde" y aterrizando "en" aeropuertos cristianos. Otros aceptarían en el avión la presencia de no cristianos, pero siempre teniendo, como requisito básico, una tripulación cristiana y mejor si está consagrada sacramentalmente (ministros ordenados). Otros, más comedidos, se contentarían con una sección "cristiana" dentro del avión de la historia común.

Responder a la segunda cuestión significa preguntarnos de nuevo: ¿Quién puede orientar cabalmente la historia? Ciertamente los aportes de los científicos, de los economistas, de los políticos, así como de los hombres y mujeres de la cultura, pueden ofrecer importantes referencias. Sin embargo, lo que Dios tiene que decir es prioritario, básico e imprescindible.

La perspectiva asumida por Jesús, y consecuentemente por el Concilio Vaticano II, es la de garantizar la meta y la fidelidad a la ruta. Dios lo ha dicho todo en su Hijo. Pues Jesús anuncia la presencia del Reino, ofrece señales que manifiestan y llama a sus amigos a ser colaboradores para que sean instrumentos del mismo.

# I. ENTRANDO EN UNA NUEVA ÉPOCA

## ¿SUEÑOS, METAS O ESPEJISMOS? EN HONG KONG

*"Cada día salgo bien temprano para mi trabajo", decía un padre de familia de Hong Kong, presente en uno de nuestros cursos, "porque la transportación pública es siempre difícil. Trabajo duro hasta las 5 de la tarde. Luego, otra vez la lucha para volver a casa. Llego cansado, me baño, ceno y veo el noticiero televisivo y algún programa, donde me pongo al día de los desastres, eventos, corrupciones, acciones políticas y éxitos cinematográficos que acontecen por el mundo. Después me voy a dormir, para al día siguiente ir nuevamente temprano a mi trabajo. Ahora, me doy cuenta de que tengo más de 50 años de edad y que la vida se me ha ido en eso. Mis hijos e hijas van a continuar haciendo lo mismo. Tengo la impresión de que somos como animales domesticados".*

## SON COMO NUESTRAS VACAS

*Un grupo de técnicos agrícolas japoneses visitó el Altiplano boliviano, para analizar la producción agrícola y la actividad ganadera. Después de varios días de contactos con los indígenas aymaras, algunos de los nativos quisieron saber, no sólo sobre las técnicas que los visitantes les podían enseñar; sino también algo de su país y su vida. Fueron muchas las preguntas que hicieron. Los japoneses respondían siempre con precisión científica y serenidad oriental.*

*Uno de los temas tratados dio oportunidad para uno de los famosos, cortos y directos comentarios típicos de los aymaras, que a veces desconciertan a las personas provenientes de otro mundo cultural. Los visitantes acababan de afirmar: "Nosotros no creemos en Dios. No gastamos tiempo con eso. Nuestro 'sueño' es realista, buscamos cosas concretas y posibles. Estamos interesados únicamente en alimentarnos bien, gozar de buena salud y en vivir mejor". Los aymaras se quedaron pensando en la respuesta recibida. Uno de ellos dio señales de haberla entendido y se la explicó así a los compañeros: "Ellos son como nuestras vacas".*

*El asesor boliviano que acompañaba al grupo de japoneses, procuró atenuar la fuerza del comentario, explicándoles que aquella era la manera indígena de expresarse, pero que no implicaba falta de respeto. Pero los japoneses, de hecho, no se ofendieron y, queriendo continuar el diálogo, pidieron más detalles. Entonces, los aymaras explicaron: "Es que nuestras vacas no se preocupan sino con lo que ven. Ellas comen, engordan y viven para darnos su leche, sus terneros y su carne. Nada más. No se les ocurre preguntar si tiene sentido su vida. No se preocupan con ningún Dios".*

*El grupo de técnicos se fue muy impresionado con el comentario de los aymaras. Uno de ellos evaluó la experiencia de manera muy honesta: "Nos dimos cuenta de la pequeñez del sueño que anima a los ciudadanos de las sociedades más desarrolladas".*

La Revelación de Dios manifiesta que la vocación humana es comunitaria, universal y liberadora.

## EL SUEÑO BÍBLICO

*Desde lo profundo de la historia bíblica nos llega la insistencia de Dios en ser amigo y "compañero" de la humanidad ofreciéndole una alianza cósmica (Gn 9:11). En Abraham se compromete con la promesa de una nueva humanidad (Gn 17). Dios libera a su pueblo y hace una alianza con él (Ex 3:8b). Más tarde, el profeta Isaías la describe como si fuera el antecedente del Reino Mesiánico: "Yo voy a crear un cielo nuevo y una tierra nueva... Ya no se sentirán, en adelante, sollozos de tristeza ni gritos de angustia... Ya no edificarán para que otro vaya a vivir, ni plantarán para alimentar a otro. No trabajaran inútilmente, ni tendrán hijos destinados a la matanza... Antes que me llamen, les responderé, y antes que terminen de hablar habrán sido atendidos... El lobo... junto con el cordero... el león, como el buey" (Is 65:17-25).*

El ministerio de Jesús estuvo totalmente orientado hacia el Reino (Mc 1:15: "Tengo buenas noticias para todos... el Reino de Dios está muy cerca... cambien sus vidas", (cf. Mt 4:17.23; Lc 4:43). La referencia fundamental de su misión la expresó así: "Debo anunciar la buena nueva del Reino. ¡Para esto he sido enviado!" (Le. 4:43). En la Sinagoga de Nazaret detalló el contenido de su misión mesiánica: "Traer la Buena Nueva a los pobres... a los cautivos libertad, a los ciegos... que pronto van a ver... dar libertad a los oprimidos... proclamar el año de gracia del Señor..." (Lc 4:18-20).

## EL SUEÑO DE LOS SEGREGADOS

*Martín Luther King Jr. tradujo el ideal de la Revelación al lenguaje de nuestros días: "El camino está lleno de dificultades, sin embargo, y a pesar de fatigas y humillaciones, yo tengo todavía un sueño... que un día este país se superará a sí mismo y vivirá de acuerdo con las auténticas convicciones de su 'credo'. Proclamamos una verdad por sí misma evidente: ¡Todos son iguales!*

*Yo tengo un sueño... Aún haciendo frente a las dificultades del hoy y del mañana, tengo todavía un sueño... un día en las rojas colinas de Georgia, los hijos de los antiguos esclavos y de los antiguos dueños de esclavos serán capaces de sentarse juntos a la mesa de la fraternidad...*

*Tengo un sueño. Que un día mis cuatro hijos pequeños vivirán en una nación en la cual no serán juzgados por el color de su piel, sino por la contextura de su carácter...*

*Negros y blancos, todos tenemos necesidad de emancipación y de comprensión. Precisamos unos de otros para crear un nuevo vínculo de unión entre nosotros. Si mi protesta de no violencia fracasa, yo continuaré enseñándola... con esta fe vuelvo al sur. Con esta fe arrancaremos de la montaña de la angustia un pedazo de esperanza. Con esta fe podremos trabajar juntos, rezar juntos, ir juntos a la cárcel, ciertos de que... un día, todos los hijos de Dios, negros y blancos, judíos y gentiles, protestantes y católicos van a poder darse las manos y cantar: ¡Finalmente libres... Dios todo poderoso, estamos todos libres!*

*Sólo tengo un arma, el amor. Con nuestras acciones podemos escribir un nuevo y luminoso capítulo en la historia... Si muero, será para que los demás alcancen la libertad.*

Lo irónico es que la sociedad actual venera los grandes héroes que entregaron su vida al servicio de la libertad pero al mismo tiempo transforma sus mensajes y los usa para apoyar sistemas que aprisionan, manipulan y destruyen la vida de las personas, como son el proyecto de lo maravilloso y el proyecto neoliberal.

## 1. El proyecto de lo maravilloso. Al servicio de las élites

Este proyecto puede también ser llamado de muchas otras maneras según los diferentes modelos que usemos para describirlo: piramidal, del ídolo, de la cápsula protectora. Es siempre, en definitiva, un sistema sacral. Su verdadero significado aparece más claramente cuando examinamos el modo como se entienden Dios, la naturaleza y las personas en el contexto de este modelo.

¿Cuál es su dios? Es un "dios" *que hace todo y actúa por medio de milagros, sustituyendo a los agentes humanos*. Es un dios maravilloso. Es "perfectísimo, espiritual, trascendente, providente, omnipotente, creador de todo, diferente de lo creado, supremo ordenador del universo. Representa el orden, la estabilidad, el establecimiento humano, el sistema vigente. Todo lo que existe y tal y como existe es voluntad de Dios. Por eso, la religión, la sociedad, las instituciones de todo tipo son intocables.

¿Qué tipo de mundo refleja este proyecto? El mundo es propiedad única y absoluta de Dios. Por eso, a la naturaleza se le debe un respeto sagrado. Tanto que provoca miedo. A veces, la naturaleza oprime a la humanidad con sus rayos, terremotos, inundaciones, sequías, enfermedades, muerte, fuego, huracanes, volcanes, eclipses. La actitud del hombre frente al poder de la naturaleza sólo puede ser pasiva. Como mucho, puede pedir la intervención milagrosa de Dios; para que Él haga algo en su propiedad.

¿Cómo se entiende la historia en este proyecto? La historia es una *fatalidad cíclica*. No hay verdadera historia sino más bien mero fatalismo. Por decisión de lo alto, nada puede ser cambiado. Todo se repite o ya está previsto y predeterminado. Es el Karma, un destino que no puede ser alterado. No tiene sentido tomar iniciativas de cambio. Además, serían entendidas como amenazas al sistema y ofensa a la divinidad. Lo nuevo es sólo un momento de crisis, porque todo retornará a la situación primitiva. El mundo carece de autonomía y de consistencia propias.

¿Dónde queda la persona humana y el pueblo? En este proyecto los que realmente tienen valor son los jefes (el Faraón, el Rey, el Emperador), los ídolos (del deporte, del cine...), los famosos, los extraordinarios. El sujeto de la historia es la raza, el partido, la tribu, la familia, las fuerzas armadas, los superdotados, los que poseen la técnica, la ciencia o los instrumentos mejores. Y de entre ellos siempre los mejores. La mayoría del pueblo queda en situación de inferioridad.

La misma actitud que se tiene en relación con el mundo se proyecta en las relaciones sociales: sumisión a la autoridad, a la tradición, a lo establecido, a las reglas de convivencia y costumbres. No se cuestiona el orden cósmico, ni el orden social, menos todavía el orden religioso.

Todos esos órdenes son considerados sagrados y queridos por Dios, expresión directa de su voluntad. La libertad humana se expresa en la aceptación y entrega a esta voluntad divina concreta que se expresa a través del orden cósmico, político, social y religioso.

Todos deben obedecer, esperar, creer y conformarse con su suerte. No hay proyecto histórico que oriente hacia un futuro diferente. No hay historia, por tanto. Los que detentan el poder en las áreas económica, política, cultural, militar o religiosa son el sujeto efectivo de todo. No hay pueblo sino únicamente individuos tratando de sobrevivir. Las personas se vuelven dependientes de su grupo, en especial de las autoridades a las que se considera como guardianas y maestras de la tradición. La subordinación del grupo al poder se hace "natural" y sin mayores conflictos. En algunos momentos coyunturales esa dependencia es impuesta de modo represivo.

La censura y el control de informes no son considerados como algo malo, sino bueno. Protegen la "cultura" de influencias perturbadoras. Las relaciones a todos los niveles se hacen dependientes de las estructuras, de los poderosos de turno y se vuelven infantiles y dominadas por el miedo. Las preguntas son permitidas cuando se ordenan a entender mejor lo que hay que hacer. Son intolerables, cuando cuestionan los cimientos del sistema. Al comienzo esta relación de culto y veneración a la autoridad se reviste de formas sofisticadas pero, poco a poco, introduce costumbres y maneras de actuar groseras y opresoras.

¿Qué papel juega en todo esto la religión? Pues, sencillamente, sacralizar el sistema. La religión se presenta como guardiana del orden establecido y todo cambio se considera un atentado contra la ley divina. En efecto, esa religión tiende siempre a justificar en nombre de Dios las instituciones, y lo que ellas proponen. A Dios se le teme y se le presta un culto que lo aplaca. Hay una tremenda distancia entre Dios y las criaturas. A Dios hay que ofrecerle algo, no necesariamente amarlo. No se entendería cualquier intento de intimidad con Él. Lo divino inspira miedo y terror. Ese Dios se encarga de actuar en el mundo, que es su dominio. Él vigila y castiga cualquier cambio.

Los signos y estructuras que deberían recordar lo ilimitado y gratuito de la gracia de Dios, se restringen de tal manera que se termina por establecer que sólo en ellos y por ellos Dios y su gracia pueden ser encontrados.

El mismo esquema reaparece en algunos estilos de religiosidad popular (*La veladora*), así como en algunos movimientos religiosos contemporáneos, que vacían la responsabilidad y colaboración humana y desarrollan el sentido de un Dios que actúa no con la persona humana sino en lugar de ella. Dentro de este esquema muchos se sienten desorientados y buscan escapes de diferentes tipos (*La cápsula de oxígeno*).

## LA VELADORA

*Nico era un pobre borracho y viciado jugador, que perdía puntualmente todo su salario en "celebraciones" con sus amigotes. Cuando su hija enfermó, fue a la capilla y prometió una vela al santo y milagroso Jesús Crucificado, a cambio de la salud de su niña. Diez días más tarde, la niña ya estaba bien. Nico vino a la Iglesia, ofreció una veladora y se fue, convencido de que ya no tenía más obligación con Dios.*

La relación que Nico mantiene con Dios puede ser sincera, pero no llega a convertirlo ni a cambiar su vida. Aparece, más bien, como algo limitado a un sector de su vida y no a su totalidad. Como decía un amigo nuestro: "¡Mi suegro es de misa y comunión diaria, pero jamás perdonó a sus enemigos ni dejó de ser racista!".

## LA CÁPSULA DE OXÍGENO

*La más reciente novedad en el gran hospital era el cuarto-cápsula, un recinto especialmente construido para aislar de cualquier contacto con el mundo común y corriente. Era un cuarto-cápsula de oxígeno. En su interior un joven podría sobrevivir, ya que su organismo no aguantaba la vida y el ambiente normal. Nadie podía tener contacto directamente con él. Todo le llegaba desinfectado. Guantes de plástico, cubiertos desechables, etc. allí tenía su música, sus cosas, pero jamás podría salir de la cápsula. Fuera de ella, no sobreviviría más de diez minutos.*

En el esquema de lo maravilloso, la religión y particularmente la Iglesia es pensada como una verdadera cápsula protectora donde se vive una vida irreal, alienada y sin contaminación. Salir de la cápsula es morir. Permanecer en el esquema (religioso, social, cultural) a que se está habituado es considerado esencial para la supervivencia de la persona y del grupo humano (familia, clan, nación).

El pueblo se siente impotente, ignorante, lejano, pasivo. Vive con miedo de todo-de Dios, del mundo, de lo desconocido.

El proyecto de lo maravilloso presenta también un Dios en su cápsula de oxígeno, sin contacto directo con las personas.

Es un Dios lejano, poderoso, temible. Ni amigo, ni alcanzable. Los poderes establecidos aparecen como los mediadores que actúan sobre el mundo, sobre el pueblo, en lugar de Dios. Piensan, hablan, deciden, hacen por el pueblo y por "Dios". Van a "Dios" y le hablan en nombre del pueblo, el cual, según ellos, no tienen capacidad para relacionarse directamente con Dios. Van al pueblo y le hablan en nombre de "Dios", que nunca se digna comunicarse directamente con el pueblo. Ese Dios sólo escucha a sus mediadores, que son sus hijos - el Faraón de Egipto, el Emperador de Roma, los directivos de las multinacionales,...

Dios actúa por medio de milagros. Está distante. Es todopoderoso. No ofrece ninguna propuesta histórica. La historia se repite cíclicamente y aparece como un destino impuesto frente al que las personas no pueden hacer nada. No hay relación explícita ni directa entre comportamiento ético y actividades religiosas.

Rituales y símbolos tienen un papel más importante que la moralidad y los principios éticos. En el culto se busca protección. La religión no exige la profesión de un credo público ni insiste en los conocimientos teóricos sino más bien en las experiencias de tipo físico (ayunos, sacrificios...)

## 2. El proyecto neoliberal y la globalización

El sistema marxista ha fracasado. Para Celso Furtado, "los ideales socialistas, que son los de la solidaridad social, no fueron abandonados por nadie. Lo que se acabó fue la práctica de la economía de intervención estatal"[2]. De cualquier modo, con la caída de la mayor parte del sistema marxista, el proyecto neoliberal, por lo menos en occidente, ha quedado en una posición hegemónica. Es el proyecto llamado de la *modernidad.* Es una nueva manera de pensar, vivir y relacionarse con la naturaleza (el mundo material), con la sociedad (personas, estructuras) y con el propio Dios[3].

### EL VENCEDOR

*Un periódico, al presentar una de las personalidades más importante del año, la clasificaba por la cantidad de dinero que había ganado: "¡El Sr. X. vale 2 mil millones de dólares!"*

*Nuestro protagonista, uno de los hombres más ricos del mundo, explicitó su código de honor en los siguientes términos: "Si uno no busca tener siempre más, fatalmente tendrá siempre menos. Uno sólo fracasa cuando desiste de conquistar, por eso todos los días me despierto para ganar y vencer"*[4].

### EN LA HOJA DE COCA

*Para quienes viven en los Andes, la hoja de coca es tan preciosa como los billetes de dinero. En efecto, con ellas se hace un té que coloca el corazón al ritmo de las exigencias de las*

2. Celso Furtado, O mundo de amanhã, entrevista en la revista "Veja", 8 de enero 1997, pp. 8-11.

3. El triunfo del capitalismo aporta una máxima eficacia explotadora. Se impone el estilo de vida de los ejecutivos de las transnacionales. Cf. Juan Hernández Pico, La nueva sociedad que queremos en "Páginas", n. 142, diciembre 1996, p. 49.

4. *O Estado De São Paulo,* São Paulo (Brasil), 10 de enero de 1990.

*alturas. Las hojas de coca, cuando masticadas, dan energía al cuerpo al tiempo que mantienen el estómago calmado. Quitan la sensación de hambre.*

*Los habitantes de la zona creen que los brujos pueden descifrar lo que Dios piensa hacer en nuestro mundo (si habrá lluvia, viento, nieve, heladas o enfermedades, si se casarán o se morirán, etc.) según la manera como se disponen las hojas de coca, al ser tiradas por ellos sobre la tierra. Cada consultante aporta al brujo una bolsa o más de coca para su uso particular y para la lectura de lo desconocido.*

En las grandes universidades y centros de investigación, los científicos procuran establecer las leyes del universo (tanto de los átomos como de los astros); las leyes del comportamiento colectivo (eso es lo que hacen los antropólogos, sociólogos...); y las leyes de las actitudes personales y colectivas (se dedican a ello los psicoanalistas y psicólogos...) De esa manera todo se puede prever, controlar o provocar (desde la biogenética hasta el comportamiento de las personas en los mercados). En consecuencia, Dios está desempleado. No se le llega a eliminar pero se le considera como un anciano inútil al que hay que cuidar.

El progreso de la ciencia ha puesto de manifiesto la existencia de nuevas energías y dimensiones en el universo. La tecnología ha facilitado que la humanidad haya podido usar y controlar cada vez más los recursos de la creación. Todo eso ha dado lugar a un nuevo estado del espíritu humano, un nuevo estilo de vida y una nueva religiosidad[5].

Particularmente, ciencia y tecnología han sido utilizadas por la ideología neoliberal con la intención de transformarlas en instrumento de dominación que manipula, explota y controla a los pueblos, concentrando el poder y los bienes del mundo en manos de unos pocos Estados, empresas y/o individuos[6].

---

5. En una de sus cartas pastorales el Cardenal Godfried Danneels, arzobispo de Malinas - Bruselas (Bélgica), presenta una síntesis y crítica de la mentalidad religiosa contemporánea, profundizando especialmente en el fenómeno llamado New Age (CF. "Documentation Catholique", 3 febrero de 1991, n. 2021, pp. 117-129).

6. "La modernidad invade el Tercer Mundo y América Latina no sólo a través de los medios de comu-

Esa visión genera los siguientes síndromes o enfermedades:

- síndrome del consumismo, reduciendo la meta de la vida a la búsqueda y adquisición de bienes materiales,
- síndromes del individualismo, o "del garaje", llevando los individuos a pensarse a actuar como centro de todo,
- síndrome del materialismo, tratando a las personas como cosas y a las cosas como personas,
- síndrome cultural, glorificando una cultura, que se torna monocultura y megacultura, reduce todo a su imagen y semejanza y aniquila a las demás culturas,
- síndrome de la violencia, usada como mediación normal para la solución de cualquier conflicto o problema (individuales, grupales, sociales, internacionales),
- síndrome de los mitos indiscutibles, como la ciencia, la técnica, la juventud o el progreso,
- síndrome de la domesticación activa y pasiva (lavado de cerebro y robotización) de las personas.
- síndrome de la desacralización de la vida y de lo religioso (desaparece la práctica del culto, la pertenencia activa a una agrupación religiosa, se vacía de contenido la trascendencia),
- síndrome de lo provisional, no se admite nada que dure toda la vida, ni matrimonio, ni casa, ni valores...

Nuestro mundo se globaliza rápidamente. Eso significa que se hace imperioso lograr la máxima productividad de las empresas y de las economías exigiendo extender las reglas del mercado a todos los planos de sociedad hasta los límites del universo. La globalización es el resultado de una profunda y reciente reorganización de la economía y de la sociedad. Abarca a la vez los países capitalistas desarrollados, los

nicación social y particularmente de la televisión sino también a través de todos los progresos técnicos, que traen una forma diferente de enfocar y encarar la vida: detrás de cada computador o de cada tractor hay un modelo de vida diferente" (Víctor Codina, en "Perspectivas Teológicas" 27 (1995), nn. 169-188, Sao Leopoldo, Brasil).

países ex-comunistas y los países llamados "en desarrollo". Pretende ser una nueva configuración que caracterice la actual geo-economía del planeta. Esta transformación en curso y aún incompleta trata de redefinir el papel central que han desempeñado hasta una fecha reciente los Estados-Naciones, los capitalismos nacionales, la riqueza de los países, la modernización industrial y los contratos nacionales de bienestar social. La globalización o mundialización es un proceso complejo que va más allá de la internacionalización y multinacionalización y que se está desarrollando con diversos grados de intensidad en distintos planos de las economías y de las sociedades.

Jacques Chonchol, profesor emérito de la Sorbona (París), explica de la siguiente manera las consecuencias de la globalización: "La aceptación ciega y pasiva de la lógica de la globalización está provocando cada vez mayores contradicciones sociales en el ámbito internacional y nacional. Dará lugar a una violencia creciente, así como a fenómenos de no gobernabilidad. La competencia sin límites implica una acentuación de las desigualdades socioeconómicas, tanto en el seno de cada país como entre los diferentes países, y del fenómeno de la marginación social. La explotación no sostenible de sistemas esenciales de vida causa daños irreversibles, como la desertificación progresiva de las tierras, la erosión de los suelos, la extinción de especies animales y vegetales o la polución de los mares y de las corrientes de agua. El poder se concentra en las manos de entidades económicas en las que actúan. Esto atenta contra todos los principios elementales de la democracia y de las políticas participativas que tanto se señalan actualmente como objetivos fundamentales de nuestras sociedades"[7].

## 2.1. La meta. Los bienes materiales y su privatización

El Estado del bienestar social ha sido el mejor logro de la democracia. Es el uso del Estado para disciplinar y democratizar la distribución de la renta. Esa distribución en vez de ser organizada por el mercado, obedece a factores políticos. Si se confiara únicamente al mercado, la

7. Jacques Chonchol, documento en Internet, Universidad de Santiago de Chile, abril 1998.

sociedad se transformaría en la ley del más fuerte[8]. Entonces, la meta de la vida se reduce a la búsqueda y adquisición de los bienes materiales (tener), porque eso da poder, que permite el placer sin límites.

El centro de la vida pasa a ser el "consumir" bienes, personas, Dios, uno mismo. El instrumento inmediato y "eficaz" es el dinero, que se trata de obtener de la manera más rápida y fácil posible, en la mayor cantidad que se pueda, y utilizando cualquier medio: corrupción, soborno, robo, violencias...

En este sistema el mercado no responde a las necesidades básicas de las personas. Distribuye mal, despilfarra y degrada a las personas.

## JAMÁS SE DICE: ¡BASTA!

*El rico Epulón, protagonista de la parábola de Lucas (Lc 16:19-31), no aceptaba empobrecerse ni siquiera un poco, ni se resignaba a pensar que no iba a ganar tanto. Actualmente, la presión de las estructuras y su poder de manipulación es tan grande que, hasta algunos que luchaban a favor de los pobres, como Lázaro, acabaron prefiriendo más de la vida de Epulón.*

---

8. La fe en el sistema es tanta que los neoliberales incluso han eliminado el concepto de "crisis" como categoría económica. Como ellos creen que el mercado se autorregula por sí mismo, no puede haber crisis. A lo más se puede hablar de desequilibrios temporales que se corrigen por sí mismos.
Para los neoliberales, como dice Suzanne Brunhoff, "las recesiones o crisis no son problemas, sino soluciones. Forman parte de la recuperación del equilibrio de los mercados. Su costo en suspensión de pagos y desempleo es considerado como inevitable. Es apenas el aspecto temporal del restablecimiento de las condiciones de recuperación". Si para los calvinistas estudiados por Weber el enriquecimiento era la señal divina que confirmaba la predestinación a la salvación, para "el dogma neoliberal, la producción de pobreza es señal de que se caminando en el rumbo correcto. La pobreza y el sufrimiento de las masas tienen un significado prometedor. En realidad indican que las fuerzas del mercado están moviéndose sin interferencia y la reestructuración económica procede tal cual se esperaba, una vez que el Estado se quedó a un lado y el instinto capitalista se puso en marcha, libre de las reglamentaciones artificiales caprichosamente establecidas durante décadas por gobiernos hostiles". Cuando las crisis económicas y sociales dejan de ser interpretadas como una señal negativa, no queda ningún resquicio abierto para la crítica y la revisión de sistema económico. Si existe crecimiento económico, el modelo se autojustifica. Si hay recesión y aumento de pobreza, el modelo también se justifica diciendo que se está pasando por una fase de restablecimiento de las condiciones de recuperación, esto es, está transitándose por el camino de las reformas económicas orientadas hacia el mercado. Frente a un dogmatismo de este tipo, frente a esta postura fundamentalista, no hay posibilidad de crítica. Lo que pasa en el mundo real no tiene importancia. Nada puede hacer cambiar de opinión sobre la certeza dogmática del poder bienhechor del libre mercado (Cf. Jung Mo Sung, *Fundamentalismo económico*, Artículo y Conferencia).

*Un hombre muy rico decía: "Entre mis colegas empresarios que luchaban por aumentar sus riquezas, cuatro no han alcanzado siquiera los 50 años de edad... uno de ellos está mentalmente enfermo, otro se suicidó y otros tuvieron infarto o derrame cerebral. Mi mejor amigo había prometido que, cuando consiguiera su primer millón de dólares, pararía de luchar por enriquecerse. Al obtenerlo, se propuso como siguiente meta llegar a los cinco millones. No conozco a nadie que, ganando dinero, haya decidido pararse... ¡Jamás consiguen decir basta! Es como la drogadicción. Por ella uno sacrifica cualquier cosa. Uno siempre se dice a sí mismo que está controlando la situación, pero de hecho es la droga la que lo controla a uno".*

En este sistema, el lucro tiene absoluta prioridad. Impone un fundamentalismo global, pero paradójicamente, cuando todo se pone al servicio del lucro, lo que sucede es la mundialización y globalización de la miseria en lugar de la propagación de la prosperidad[9]. Lo que está sucediendo no es una anécdota lamentable pero pasajera. El hecho es que el mundo está entrando en un nuevo estilo de ser. Es la cultura o, mejor, la espiritualidad del consumismo. En ella el "tener" es más importante que el "ser".

Consumismo es "poseer", comprar, seleccionar siempre según el propio interés. Exige una habilidad que se adquiere dándose vueltas por los supermercados. La enorme variedad de bienes disponible coloca a los compradores en una situación de demasiadas posibilidades. Con frecuencia hay tan pocas diferencias entre los productos, que la opción se vuelve realmente difícil por lo irrelevante. La presión de la propaganda "facilita" las decisiones, diciendo lo que uno tiene que hacer, lo que debe comprar, dónde debe ir, etc.

El consumismo crea una obsesión de no perder oportunidades, de

9. La economía actual se caracteriza por la abundancia creciente de bienes producidos, pero esos bienes sólo están al alcance de unos pocos (personas y pueblos). Al lado de las miserables y violentas periferias urbanas, se implantan las islas de bienestar donde prosperan élites refinadas o "apartheid" económicos como las denomina José Comblin.

no llegar tarde, de no correr riesgos, que mantiene las personas y las estructuras en constante tensión y con mentalidad imperialista. A finales de 1997, previendo que ya debía estar cercano el cambio de régimen político en Cuba, las grandes compañías comenzaron ya a vender sus "franchise" o derecho para las compañías locales poder instalar sus negocios bajo el nombre de aquellas. Se dice que un grupo de Miami que se apresuró a comprar su título para instalar un McDonalds en la isla, sólo lo consiguió para un pueblito lejano, pues en todas las grandes ciudades esos derechos ya estaban vendidos. El consumismo es una manera de ser, de relacionarse con objetos y personas. Los bienes que se buscan, pueden ser materiales, intelectuales, incluso espirituales, pero no necesariamente morales.

El director de una importante institución religiosa de un país del primer mundo comentaba con cierta ironía que "los responsables de casas de retiro y de centros de renovación están hoy en aprietos. Su mayor desafío es el de hacer programas que tengan en cuenta los últimos desarrollos en la espiritualidad. Tienen que encontrar predicadores que sean muy 'calientes' para las nuevas materias. Las propuestas que se ofrecen tienden a crear un tipo de consumidores que se mueven de una experiencia religiosa a otras, que sin tiempo de digerir la primera ya quieren saborear la segunda. La sobredosis de cursos tiene, como efecto, la superficialidad. En especial, existe la tentación de desechar cualquier tipo de espiritualidad que no produzca pronto la deseada experiencia que se buscaba. En eso, la espiritualidad de hoy se asemeja a los maravillosos programas para adelgazar que nos anuncia la televisión".

## 2.2. El individuo como centro

Se propaga cada vez más una mentalidad individualista y egoísta, que es materialista y radicalmente anticristiana. La preeminencia concedida a los bienes materiales marca el resto de las prioridades y criterios. Las personas tienen una mentalidad altamente consumista. Buscan comodidades extravagantes, ostentación, despilfarro. Para conseguir sus objetivos aplastan cualquier tipo de oposición o competencia. Las personas se vuelven indiferentes o incluso agresivas con respecto a los pobres y a los más desfavorecidos. Los aliados de "la santa alianza del lucro y de la hegemonía" necesitan vivir sólo ellos, sin niños, aislando a los viejos y agotándose en el consumismo. El sujeto del mundo neoliberal es una élite cada vez más pequeña en número. Las otras personas y las mismas instituciones se convierten en instrumento desechables, cuando ya no sirven a los objetivos de las minorías privilegiadas.

Este egoísmo operativo agota y destruye las personas y el planeta. La economía, puesta al servicio de un mercado insaciable y sin escrúpulos, agota los recursos naturales. Como consecuencia, la mayoría de los habitantes del mundo viven en una situación crítica de supervivencia ligada al problema ecológico. La explotación de energías no renovables amenaza las vidas de millones. La materia prima necesaria para el desarrollo de los países ricos priva a los ciudadanos de los países pobres de lo indispensable para cubrir sus necesidades básicas. No se ha descubierto que la armonía con la naturaleza esta íntimamente ligada a un justo orden en la sociedad y viceversa[10].

Hay una cultura de muerte, cuyos síntomas aparecen, por ejemplo:

- en las instituciones educativas, que preparan la nueva clase dirigente en fidelidad a los postulados de la sociedad dominante: tener, poder, placer;
- en lo político, donde aumenta la despolitización de la sociedad. Muestras de esa situación son el fin de los sindicatos y de otras instancias similares; la ineficiencia del Estado Nacional, que se desentiende de los ciudadanos por el creciente hecho de las privatizaciones; la ausencia de propuestas sociales; los responsables de los poderes legislativos se convierten en ejecutivos que procuran agradar a la opinión pública con actitudes populistas y hasta histriónicas;
- en los medios de comunicación, que puestos al servicio de la cultura del espectáculo, reducen la política, los dramas humanos e incluso la religión a una especie de juego de

10. Angélico Sandalo Bernardino, *Cultura urbana emergênte e evangelização*, en "Revista Eclesiástica Brasileira", 49 (1989), pp. 877-878.

diversión o de curiosidades, que cada noche millones de espectadores pueden ver en los noticieros nacionales de la televisión;

- en el área de la salud, la atención a las necesidades sociales se hace cada vez más precaria; la privatización de esos servicios los hacen inaccesibles para la mayoría de la población; las enfermedades, la vejez, son realidades que asustan y que la sociedad no encuentra como asumirlas de manera adecuada;
- en el mundo del descanso, donde el deporte, el turismo, la recreación, desarrollados ahora a escala mundial, no significan intercambio de fraternidad o cultura sino más bien y primordialmente negocio, espectáculo y placer;
- en la institución familiar, que se está deshaciendo.

## LA FAMILIA YA NO SIRVE NI PARA LOS COMERCIALES

*En la década de los 50 eran frecuentes los comerciales que se valían del prestigio de la institución familiar. En torno a ella se hacían las propuestas de consumo. Ahora la perspectiva es diferente. Todo va centrado en los individuos: sus gustos, comodidades y auto-glorificación. El "yo" prevalece sobre cualquier otro interés. De hecho, la familia ya no es importante. Es más bien una "institución" en descomposición. Todo se reduce a las cuatro "p": Plata, Poder, Prestigio y Placer. La prioridad dada a la mayor comodidad posible y a los bienes conlleva una mentalidad pragmatista, cínica. Los idealismos, las causas nobles, son algo anecdótico, aceptables sólo para un tiempo de sueños juveniles.*

Predomina el optimismo ingenuo sobre la técnica. Dominan las relaciones funcionales entre las personas.

## SÍNDROME DEL GARAJE

*Nuestros vecinos poseen ese aparatito electrónico que sirve para abrir la puerta del garaje automáticamente. De ese modo, cada día salen y entran sin saludar ni hablar con nadie. Su más reciente adquisición fue la de un carro con cristales oscuros, de manera que ahora ya ni se les puede ver.*

## RECEMOS POR ANTONIA

*En abril de 1998 estuvimos en un país del primer mundo. En la reunión de CEB nos comentaron lo que recién les había pasado: "A Antonia todo le iba mal pues perdió su trabajo, los médicos le diagnosticaron un cáncer en un pecho y se le murió el esposo. Cuando la hospitalizaron algunas de nosotras comentaron el hecho con sus amigas y alguien sugirió: ¿Por qué no rezamos por ella? Para asombro nuestro, pronto nos contestaron: eso es un problema entre Antonia y Dios. ¡No hay que meterse en su vida privada!".*

### 2.3. Las personas como cosas

"El modelo de la economía capitalista no puede mantenerse sin los pobres. Su ética no trata de buscar el bien de todos, sino sólo legitimar el progreso, aun cuando en la práctica sólo se consiga a expensas del sacrificio de muchos. No se trata de una crisis económica, sino más bien social. Hay millones de personas que no alcanzan ninguna forma de inserción social, que estudian sin saber para qué y acaban marginalizadas. Esta crisis sólo se solucionará con un cambio del modelo de desarrollo actualmente en vigor. En el sistema actual, todas las soluciones para crear empleos han sido probadas tanto por la izquierda como por la derecha. Ninguna ha funcionado. Muchos piensan que los problemas existen únicamente por culpa de los malos gobiernos. La verdad es que son cuestiones mucho más profundas"[11]. Podemos

11. Celso Furtado, o. c.

añadir que se trata de una crisis antropológica. Las personas pasan a ser cosas, víctimas sacrificadas a los ídolos del sistema.

Ese sistema se mantiene manipulando a sus consumidores:

- les propone metas y programas, en los que ellos son más objeto que sujeto; bajo la apariencia de ser una promoción, les degrada como personas;
- crea expectativas en torno a la posesión de bienes materiales, como si estos llevaran consigo la conquista de valores "espirituales".

Cuando las personas son tratadas como "consumidores", como objetos, como "marionetas", no es difícil seducirlas para que compren cosas, dependan de los que tienen acceso a los instrumentos e instancias de poder, acepten sus criterios, sus propuestas y su estilo de vida. Al dejarse manipular, uno se torna más vulnerable, dependiente y dócil al sistema dominante. Éste, en cambio, trata a las cosas y a las personas como algo desechable, sobre todo cuando ya no sirven a sus propósitos.

## ¡YA NO PODEMOS ATENDERLO MÁS!

*En una cama de un hospital, situado muy cerca de donde fue abandonado, yace Mr. John Kingery, de 82 años. Mientras abraza un osito de terciopelo, la mirada se le queda perdida. Se siente desvalido. El señor Kingery, que no puede caminar ni controlar sus necesidades biológicas, llevaba años confinado en una silla de ruedas. Fue abandonado por sus familiares hace unos días. Cuando lo encontraron, agarraba con una mano una bolsa de toallitas de papel. Una nota escrita a máquina y prendida en su pecho lo identificaba como el señor John Kingery, paciente de Alzheimer y necesitado de atención. Estaba en pijama, no podía caminar. Tiene la cara de una persona de edad. No sabe ni siquiera su propio nombre. Fue abandonado en la acera de la sociedad. Su rostro puede ser el símbolo del futuro de nuestra sociedad.*

En las próximas tres décadas el número de personas mayores de 85 años aumentará considerablemente. En el mismo período, se calcula que en el mundo más de quince millones de personas sufrirán de Alzheimer. Muchas familias, aplastadas por el aumento de los costos médicos necesarios para mantener a las personas mayores, serán "socialmente" empujadas a abandonar a sus mayores.

En Estados Unidos casi todos los días se registran casos de personas mayores que son ingresadas en hospitales tras haber sido abandonadas por su familia. En 1991 se calculó que fueron unos 70.000 los "viejos" abandonados por sus familias, que no pueden o no quieren seguirlos cuidando.

En muchos países la ley prohíbe abandonar de esa manera a un niño o a un animal, pero no es ilegal abandonar a un anciano que depende de la atención y los cuidados de otros.

## ¡MI NIÑO!

*En un moderno comercial de televisión aparecía un joven apuntando a su carro y afirmando: ¡El Ford soy yo!". En otro, una muchacha abraza a su Volkswagen y declara: "Es mi niño. ¡Él me necesita!". En nuestra sociedad los objetos son tratados como personas y, al mismo tiempo, las personas son consideradas como objetos o como masa anónima. En el hospital son "casos"; en el trabajo, un "número"; en la carretera, "aquél del Toyota blanco"; para los políticos, "electores"; para el supermercado, consumidores"; para el Estado "contribuyentes"; para el deporte, "la hinchada"; para la Iglesia "fieles"...*

## MÁS TIEMPO CON EL PERRO

*En una escuela americana se hizo un estudio para determinar, cuando y por cuanto tiempo cada alumno alcanzaba a ver a su papá y estar con él durante una semana ordinaria. Algunos lo veían una vez al día, a la hora de la cena. Otros pasaban varios días sin verlo. Lo más alarmante fue el promedio de tiempo general. El estudio demostraba que cada alumno se encontraba con su papá una media de sólo siete minutos y medio a la semana. Un adolescente declaró: "Mi papá gasta más tiempo con su perro que conmigo. Todos los días lo saca a pasear durante una hora".*

## UNA DE MASCOTAS

*En los mercados de alimentos del primer mundo el espacio para "Pet-food" (comida para perros, gatos, aves, etc.) está aumentando en cantidad y en refinamiento. Los comerciales anuncian tazas de cristal para dar leche a los gatitos y proponen alimentos finos para mascotas con pedigree... Se publican libros con recetas culinarias para atender al variado gusto de las mascotas. ¡Hay hospitales e incluso psiquiatras para perros!*

*Lo más elegante, y último grito, en materia de mascotas son los cerditos domesticados, perfumados y cariñosos, que se llevan con una cadenita y están en la sala de la familia, sobre la alfombra o el sofá... Se trata de una raza especialmente obtenida por diferentes cruces. Permanecen siempre chiquitos y amistosos. Cuestan mil dólares cada uno.*

## UN CURA PASTOR O UN PERRO PASTOR ALEMÁN

*La feligresía de la Parroquia de los Santos Cirilo y Metodio, en la ciudad estadounidense de Minneapolis, se había quedado reducida a cincuenta familias. La casa parroquial estaba vacía por falta de sacerdote. La administración diocesana tuvo que tomar la difícil decisión sobre quién colocar en la casa canónica: un cura o un perro pastor alemán.*

## 2.4. El lavado de cerebro y la robotización

Los medios de comunicación, los llamados "mass-media", actúan constantemente sobre las personas, explotando sus pasiones, agudizando sus sentidos, creando necesidades y modelos de vida que encarnan las propuestas de consumo y de triunfo de la sociedad dominante (sus valores, objetivos y criterios)[12].

## PRODUCCIÓN DE ÍDOLOS

*En el comedor familiar hay un lindo cuadro de la Última Cena, la muy conocida versión pintada por Salvador Dalí. En la alcoba de la abuelita hay otro de la Virgen con el Niño Jesús. El papá tiene en su escritorio un impresionante Francisco de Asís hablando al "hermano lobo".*

*En el segundo piso, en el cuarto de los jóvenes, los símbolos y "santos" han sufrido un cambio radical. Allí están los posters de los ídolos de la época. Nada de cuadros religiosos. La nueva religión es el deporte, el sexo y la música popular. Se adoran músculos, gritos, coches de colores. Todo lo que excita los sentidos y da rienda suelta a los instintos.*

Los "ídolos" de nuestro tiempo son pensados y lanzados por organizaciones económicas. Tienen algo de religioso y de globalizante. Llevan a la repetición de palabras, de actitudes, y transmiten una visión del mundo, de uno mismo, del futuro y de Dios, que muchas veces es opuesta al Evangelio de Jesús.

## 2.5. Euforia acrítica e introyectada

El lavado de cerebro es provocado también por lo que podemos llamar "el optimismo oficial". Los gobiernos, usando la fuerza de los poderosos sistemas de comunicación social de que disponen, imponen la

12. Decía un especialista en marketing que "primero se decide qué producto dará mayor y más fácil beneficio. Después se organiza cómo crear la necesidad del mismo. De acuerdo con eso se fabrican ídolos y mitos del sexo, del deporte y de las músicas populares que ayuden a promover el producto".

perspectiva optimista debido a tres razones fundamentales: una ligada a la visión ética, otra a sus específicas opciones y prioridades, la tercera a la dinámica del poder en general.

En cuanto a la ética, basta citar el discurso que pronunció el presidente brasileño Henrique Cardoso el 1 de abril de 1998: "En la ética de la política, la ambigüedad, la mentira, son partes constitutivas. El estadista no puede decir todo lo que sabe so pena de perjudicar al Estado, a la nación y al pueblo". Con esas palabras nos daba a todos el derecho a desconfiar de cualquier cosa que digan los políticos.

La segunda razón que lleva al gobierno a mantener siempre el optimismo es consecuencia de la opción política de someterse al sistema neoliberal y a sus exigencias. Hay que mantener un clima de estabilidad en las instituciones y mantenerlas bajo control. Cualquier señal que invite a la desconfianza hace que los nerviosos capitales vuelen hacia fuera del país.

El tercer mecanismo es fruto de un mal que sufren los que están en el poder y no dicen toda la verdad, sea por cinismo o por una lectura simplificada de la "ética de responsabilidad" de Weber. De tanto tener que engañar, terminan por autoengañarse y por comportarse como si estuvieran en un mundo de fantasía.

Todo el sistema con su aparato publicitario se encarga de repetir hasta la saciedad que "estamos en un mundo libre y respetuoso de las libertades individuales". Muchos viven creyendo en el mito de la sociedad buena y superior, que siempre se dedica a causas justas y humanitarias. Sus guerras, cuando las hay, tienen siempre una razón suficiente.

## PECES DORADOS

*Papá compró lindos peces dorados y los colocó en un acuario en la sala principal de la casa. Los niños se quedaron maravillados mirando los pececitos dorados. Pero algo triste pasó. Al final del día, ¡los peces estaban muertos! El vendedor de los peces les explicó lo que había pasado. "Lo que les faltó fue oxígeno. El agua parada acaba provocando asfixia en los peces. Ustedes se olvidaron de poner en acción el aparatito que mueve el agua y así la llena de aire puro".*

La sociedad rica es como un acuario. Las personas viven en ella como peces dorados. Tienen todo lo que la técnica le puede ofrecer. Pero les falta el oxígeno de los valores auténticos, aquellos que encontramos en el Evangelio. En consecuencia, se extingue la vida. Hay una asfixia mortal en este mundo tan cerrado sobre sí mismo.

### SOMOS LIBRES

*En una escuela de alumnos de secundaria de un país del primer mundo, alguien hizo una rápida encuesta, preguntando a los jóvenes: "¿Están todos seguros de que vivimos en un sistema de libertades?". "¡Sí!", fue la respuesta unánime. "¿Podría nuestra sociedad vivir un mes sin gasolina?". De nuevo la respuesta fue unánime: "¡No!". "¿Podríamos pasar un mes sin televisión?". "¡No!". "¿Qué les parecería si ya no tuviéramos Coca-cola, hamburguesas, papas fritas o teléfonos?".*

El dogma de la libertad es irracional. Su objetividad es aparente, porque hay una hipnosis colectiva que lleva a aceptar algo como verdad simplemente porque ese algo ha sido repetido constantemente por todos los medios.

## 2.6. La desacralización de lo religioso

### ¡UNA SOLA COSA ES NECESARIA!

*Un comercial de pizzas comenzaba usando las conocidas palabras de Jesús, "Una sola cosa es necesaria". Luego se invitaba a consumir una conocida marca de pizzas.*

En este sistema símbolos y palabras religiosas son banalizadas: se habla del computador "todopoderoso", del desodorante que hace "amar al prójimo". Se monta una parodia del sermón de la montaña para vender enciclopedias, y otra de la Cena del Señor, para hacer propaganda de vino. Se atribuye a lo sagrado un papel irrelevante o incluso nulo en la vida humana. Se valora de manera "irracional" la racionalidad científica, perdiendo la apertura para lo trascendente. Las alegrías y tristezas son comercializadas y colocadas en función de lucro, del vender y del comprar.

Todos estos síntomas revelan una enfermedad más grave. Las personas hemos sido creadas para adorar a Dios, amar al prójimo y usar las cosas. Por eso, cuando nos adoramos a nosotros mismos, pasamos a ignorar a Dios y acabamos usando a las personas.

"La exclusión silenciosa de Dios de este mundo, su degradación a la insignificancia social y la sustitución de su ley del amor por la ley del mercado, parecen la venganza tardía por la expulsión de la humanidad del paraíso. Esta exclusión de Dios se refleja en la disolución de los lazos de lealtad, responsabilidad y solidaridad sociales por la libre competencia y la competitividad total en el mercado. El desconocimiento o rechazo del proyecto de Dios es la causa profunda de la exclusión social"[13].

## 2.7. Las estructuras en función de un sistema o "las botellitas en el botellón"

Las referencias o áreas fundamentales para la humanidad pueden ser agrupadas en torno a estos términos generadores:

- Vida (salud)
- Cultura (familia, clan, tribu, raza)
- Educación
- Economía
- Política
- Comunicación (información)
- Recreación (fiesta, celebración)
- Religión

13. Paulo Suess, *Perspectivas pastorais em vista do terceiro milénio*, en "Revista Eclesiástica Brasilerira", 56 (1996), pp. 856-874.

En la sociedad neoliberal, estas áreas son tomadas como compartimiento o pequeñas botellas, que a su vez están dentro de una gran botella. El "suero" común que llena todas las botellas es el materialismo, el egoísmo, lo sensual, lo inmediato, lo epidérmico. El sistema pasa a ser defendido como sacrosanto, justo, bueno. Cualquier cosa que exista fuera de él es definida como incultura, regresión, subversión o caos.

Esa estructura global, puede ser simbolizada por tres botellas, de diferente tamaño y puestas una encima de otra. En la mayor y situada más abajo está la mayoría de la humanidad, sin espacio para desarrollarse, sin auto-respeto, sin futuro. Como la botella es transparente, pueden mirar hacia arriba (a la segunda botella) donde están los privilegiados de la sociedad (los famosos del cine, de los deportes, de la técnica...) El mito consiste en hacerles creer que todos pueden llegar allá donde están esos privilegiados. Desde ahora mismo es posible comprarse un trozo de aquel paraíso (usando la misma ropa, los mismos coches, los mismos perfumes o bebiendo la misma marca de bebida). Todo eso es lo que los medios de comunicación proponen constantemente. La segunda botella es precisamente la de los privilegiados, que aparecen siempre como jóvenes, elegantes, felices, vencedores. La tercera botella es de un vidrio especial que no permite ver lo que tiene dentro. Por el contrario, sus ocupantes gozan de perfecta visibilidad hacia fuera. Es el símbolo de lo que pasa con los que acumulan riquezas y poder.

## LOS TRES PASOS DE LOS RICOS

*En los países del primer mundo, escuchamos un análisis bien didáctico sobre las exigencias que conlleva el tener grandes riquezas. En primer lugar, el que las tiene procura esconderlas, negarlas mandando dinero fuera del país, distribuyéndola entre "propietarios" supuestamente diversos y en organizaciones bajo diferentes nombres.*

*En segundo lugar, trata de justificarlas diciendo: ¡Ha sido fruto de un trabajo perseverante y sacrificado! ¡Hemos actuado con inteligencia y en el momento oportu-*

*no! ¡Colaboramos al progreso del país y damos salario a muchísimos trabajadores!*

*La tercera actitud se orienta a defender las riquezas contra cualquiera que las cuestione tanto en su sentido social como religioso. Es típico de esta actitud el decir que "las religiones no se deben meter en estos problemas de riqueza y pobreza. Mejor es que se preocupen por aconsejar moralmente a la población para que nadie tome drogas, ni robe, para que todos recen y cosas por el estilo". O bien, "las Iglesias no deben entrar en temas de política y economía". También dicen que "los que cuestionan el actual estado de cosas, son perturbadores del orden y subversivos".*

El sistema neoliberal es militante por su propio peso estructural. Tiene también la tendencia a ser hegemónico. Tiene sus misioneros y ministros.

## LOS NUEVOS MISIONEROS

*Embarcamos para un vuelo transcontinental. Con nuestras maletas y paquetes pasamos por medio de la primera clase (asientos amplios, ambiente agradable parecido al salón de recepción de una gran empresa o de un hotel de cinco estrellas), cruzamos después la zona de la clase ejecutiva y, finalmente, llegamos a la clase turística, donde estaban nuestros asientos. Allí nos vino a la mente la pregunta que siempre se nos ocurre a los que vamos en clase turística: "¿Quiénes serán los que se pueden permitir pagar el billete de esas dos clases 'privilegiadas'?".*

*En nuestro vuelo, y prácticamente en todos los demás que aquella noche estaban saliendo de Nueva York, así como en los demás aeropuertos del mundo, esos "privilegiados" eran los "misioneros" de las multinacionales.*

Esas personas tienen influencia en el área de la política (qué gobiernos y países hay que apoyar y cuáles deben ser desestabilizados), colabora para provocar y prolongar guerras, para establecer criterios de natalidad (qué tamaño debe tener la familia), de economía (qué salarios van a tener los obreros, qué productos y de qué países se pueden comprar), de salud (dónde instalar las industrias que contaminan), de religión (qué Iglesias o comunidades combatir porque intentan transformar la sociedad, porque educan para una conciencia crítica o porque representan un rumbo alternativo para nuestro mundo).

## 2.8. La violencia como solución

La idolatría del mercado necesita víctimas para sobrevivir. Son un producto lógico y necesario del sistema. Por eso, Juan Pablo II ha dicho que esta sociedad de consumo es una "cultura de muerte". Por su misma constitución es una sociedad violenta y opresora donde los poderosos se aprovechan de los pequeños. Esa violencia alcanza al orden de los valores y, en consecuencia, genera desajustes y desequilibrios en todos los sectores y niveles de la vida personal y social. La violencia pasa a ser la solución normal para cualquier tipo de problemas y desafíos.

### ¡DISPÁRENLE!

*Al lado de la casa de unas religiosas, en Itain Paulista, São Paulo (Brasil), había un árbol de mangos. Un adolescente estaba "robando" las frutas. Otros, desde la calle, gritaban a los adultos: "¡Dispárenle a la cabeza!". Una semana mas tarde, en otra ciudad, más de mil kilómetros al sur, escuchamos una frase idéntica a un niño que desde su ventana amenazaba a los adultos: "Les voy a pegar un tiro en la cabeza".*

Alberto César Croce, coordinador de las CEBs en Buenos Aires, nos contaba en su informe de 1997, titulado "Reflexiones en el camino", que en la calle de su barrio había podido escuchar cómo un grupo de muchachos aconsejaba a otro chico que "si te pueden reconocer, tira a matar, porque si te agarra la policía y vas a la cárcel, te dejan el culo roto todos los que allí están".

En el periódico *Miami Herald* del 7 de noviembre de 1993, una asociación que representaba a un millón setecientas mil familias norteamericanas publicó toda una página denunciando los programas de TV que favorecen la pornografía y la violencia, etc. Entre otros puntos, se afirmaba que "los niños, cuando terminan la primaria, han visto en la televisión cerca de ocho mil asesinatos y cien mil actos de violencia. Los niños reciben una media de 29 imágenes violentas por hora. La televisión es uno de los factores que más contribuyen a la violencia en el país. La pornografía y libertad sexual, inspiradas por los medios de comunicación, son en gran medida responsables del millón de embarazos que se producen cada año en chicas adolescentes y de los más de cuatrocientos mil abortos que se producen anualmente en el país".

Los video-games tienen cantidad de juegos donde uno se divierte disparando sobre muñecos que parecen personas (soldados, bandidos, piratas, etc.). Disparar sobre alguien concreto, una persona real, puede parecer como otro video-game más para la mentalidad que durante años y años se ha venido fomentando. De hecho, muchos juguetes son reproducciones perfectas de los más modernos tipos de armas.

También en el deporte se ve que la violencia física es vencedora. Se usa la imagen de violencia en relación con el sexo, el estudio, el deporte e incluso las buenas causas. Esta sociedad enseña la violencia y aprueba su uso para hacer frente a los problemas. La pérdida del sentido del valor de la vida individual y social es, en ella misma, generadora de una injusticia existencial y provoca la violencia como reacción vital.

## NO ANDAR POR EL BARRIO

*Un sociólogo comentaba: "Hoy es peligroso andar a pie, por las áreas conflictivas de una ciudad. Si una persona va caminando sola y despacio por un barrio rico es inmediatamente vista como sospechosa. Hay un servicio de protección organizada por parte de los habitantes del área. Cualquiera puede considerar como su deber urgente avisar a la policía, sobre el "intruso" que está usando las vías públicas, que ahora ya han dejado de ser públicas, porque son territorio de aquel grupo de moradores. Los muros en torno a las casas son cada vez más altos. Muchas casas tienen guardias de seguridad. Es arriesgado acercarse mucho a las verjas de las casas, porque en cualquier momento un perro feroz se lanza contra ellas, intentando atacar al que pasa por la acera común".*

La moraleja es que no hay que confiar en nadie. Las personas se sienten cada vez más solas, porque están construyendo muros en vez de puentes. Por buscar nuestra propia seguridad e interés, nuestro propio estilo, todos nos vamos quedando solos y nos hacemos sospechosos para los otros. La escuela, la oficina, la fábrica, la economía con sus instituciones, todo se organiza y se mantiene dentro de un esquema de competencia. Todos se esfuerzan por vencer a los demás. Hay una postura de fondo que excluye la relación personal y la perspectiva de cualquier tipo de comunitariedad.

En nombre de una "suprema" calidad de vida para algunos privilegiados, se crea, se mantiene y se desarrolla una cultura de muerte, que extermina a los demás y de diferentes modos y maneras.

La revista *Time* de los Estados Unidos hizo una investigación y descubrió que sólo en una de las semanas de mayo de 1989 los suicidas que habían atentado contra sí mismos usando un arma de fuego ascendían a cuatrocientos[14]. Dos terceras partes de la humanidad van a dormir cada noche con el tormento del hambre. Una tercera parte con indigestión y frustración. Se muere por falta y por exceso de comida. Se gastan millones de dólares en medicinas y alimentos destinados a los hambrientos del mundo y otro tanto, sino más, para los que tienen que hacer dieta por obesidad.

14. *Time* (New York), septiembre 1989.

## 2.9. Una cultura del espectáculo

### PAN Y CIRCO

*Todo se orienta a satisfacer los apetitos, sin límites y sin prestación de cuentas a nadie. Todo se mira y se contempla como si fuera un espectáculo: los debates del Congreso, la lucha política, las denuncias de corrupción, los desastres ecológicos, los accidentes de tráfico, las ceremonias religiosas... El espectador está fuera de lo que sucede. Lo aprecia, lo critica o, simplemente, no lo toma demasiado en serio. Basta cambiar de canal en el aparato de televisión y se entra en otro mundo de atracciones.*

El mensaje que recibimos continuamente a través de todo lo que nos llega por los medios de comunicación es que en la vida no hay que comprometerse con nada ni con nadie.

## 2.10. Desintegración de cosas y de personas

El sistema de consumo necesita que las cosas sean desechables. Las personas también se vuelven desechables. Una minoría se torna élite. Los demás son progresivamente excluidos, se tornan no necesarios. Lo mismo vale para las naciones.

### HABLÓ MUCHO PERO NO DIJO NADA

*El padre Philippe tiene una sobrina francesa y un sobrino holandés. Todavía son pequeños. El último verano las familias se encontraron y el niño y la niña pasaron la tarde juntos. Ella hablando sólo francés y él sólo holandés. Al final del día la niña francesa comentaba a su papá: "Mi primo habla mucho, pero no dice nada".*

La globalización afecta a todas las personas llegando hasta los más lejanos rincones del planeta con propuestas comerciales e informaciones. Hay mucha información, pero poca formación. Se publica mucho y se habla de todo, pero se acaban las "utopías". Hay cada vez más programas sin proyectos.

Los conocimientos mejor valorados son los que tienen un uso inmediato. La técnica lleva a la sectorización. Sólo una minoría, cada vez menor, alcanza a tener una visión de conjunto. Por eso al proyecto dominante en el mundo "libre" occidental también se le denomina "el sistema de las tajadas" o de los compartimientos.

En dicho esquema, cada actividad humana, religión incluida, ocupa un sector separado e independiente. En efecto, a todo lo que se piensa que tiene algún valor, se le da un espacio. Pero ese espacio no tiene necesariamente relación con los demás espacios. Es un arreglo estructural, que se puede explicar con una frase: ¡Un lugar para cada cosa y una cosa para cada lugar! No hay un dibujo de conjunto que proporcione sentido y medida a la vida individual y comunitaria y las ordene según una jerarquía de valores. El desarrollo y la expansión de los sectores se dejan a su libre iniciativa y a sus posibilidades.

Por eso, cada sector se convierte en un mundo cerrado en sí mismo, buscando mantener a los demás sectores como meros satélites suyos. Cada área tiene sus propias metas, valores, estructuras, jerarquía, moral, clases, ideología, prioridades, mecanismos de represión y de recompensa. Cada área reduce la realidad únicamente a lo que es interesante y útil desde su perspectiva. Exige una fidelidad "religiosa" de las personas y se atribuye a sí misma valor universal. En esa situación el pueblo no alcanza a organizarse ni a dejar oír su voz de una manera eficaz.

Cuando la situación se vuelve insoportable, la reacción inteligente del sistema opresor consiste en buscar chivos expiatorios. El sistema es capaz incluso de sacrificar autoridades subalternas del mismo sistema con tal que el modelo dominante permanezca. De esa manera, el sistema se afianza y aumenta su hegemonía.

Las voces de alerta contra este sistema se hacen sentir hoy de nuevo. Hay muchos que ven la necesidad de cambiar la estructura social y el modelo de desarrollo, de abrir espacio para la creatividad en otros terrenos, de crear un modelo social nuevo, aunque para eso se tengan que retomar ideas que ya han sido sugeridas pero que infelizmente fueron mal aplicadas. De hecho, según Celso Furtado "no hay ideas pasadas ni presentes. Sólo hay ideas ciertas e ideas equivocadas"[15].

## 2.11. Insatisfacción y vacío

Las dependencias provocadas por este sistema crean muchas expectativas pero nunca alcanzan a llenar las carencias y aspiraciones más profundas. Provocan a la larga una serie sin fin de desilusiones, porque el ser profundo de la persona queda vacío. La búsqueda del amor incondicional se lleva a cabo donde no está. Ningún ser humano será capaz de corresponder a las profundas necesidades de comprensión, aceptación, sintonía que todos tenemos. Ninguna amistad, ninguna relación íntima, ningún grupo conseguirá el amor por el cual estamos hambrientos.

En la parábola evangélica del "Hijo Pródigo", se cuenta la historia del joven que dejó su hogar llevándose su orgullo y el dinero de su padre, decidido a vivir su propia vida lejos de su padre y de su comunidad. Y a buscar por sí mismo la respuesta y satisfacción de todas sus necesidades. Lo perdió todo. Volvió a su casa sin nada: sin dinero, sin salud, sin honor, sin dignidad, sin reputación.

El joven de la parábola evangélica tomó plena conciencia de lo que había perdido, cuando los que estaban a su alrededor dejaron de mostrar interés por él. La soledad real viene cuando ya no hay, entre las personas, intereses ni valores comunes. Entonces uno se queda enredado en el juego del poder, en las manipulaciones de un mundo de egoísmos.

Para sobrevivir en ese mundo hay que pisar a las personas y olvidarse de la propia dignidad, dejar de lado los valores que hacen difícil la venganza, el acaparar los bienes, la búsqueda del placer a cualquier precio, la necesidad de ser reconocido, de tener éxito, de agradar. Por

15. Celso Furtado, o. c.

ese camino, se pierde, progresivamente, la libertad, la dignidad y el auto-respeto.

## BEBIENDO AGUA, SE MUERE DE SED

*En una lancha salvavidas un grupo de náufragos llevaba ya más de una semana sin agua. Uno de ellos, trastornado por el tormento de la sed, no se aguantó y comenzó a beber del agua del mar. Cuanta más tomaba, más sed tenía. Murió de sed, bebiendo agua (salada).*

## 2.12. La contaminación de la pastoral

Hay quien piensa que hacer oposición desde la Iglesia al gran sistema neoliberal lleva a perder todas las batallas. Por lo tanto, dicen, sería mejor "entrar" en esa "cultura", creando un modelo de Iglesia al estilo del sistema dominante. Eso significaría hacer lo que Clodovis Boff llama "marketing" de la fe, cuando la Iglesia quiere ganar en extensión en vez de en profundidad, en importancia socio-económico-política en lugar de en testimonio evangélico[16].

Otros creen que en la Iglesia hay que volver a lo "seguro", es decir, restablecer la ortodoxia rigorista en las instituciones eclesiásticas. Pero la verdad es que nunca en la historia se ha conseguido que los católicos, en general, sean fieles a esa ortodoxia.

En la práctica eclesial contemporánea dos modelos de reflexión, de vida y de actitudes están coexistiendo. Uno es el conservador-dogmático usado para organizar la vida interna de la comunidad eclesial (parroquia, diócesis, movimientos) y otro es liberador con relación a lo social (las CEBs, algunas "pastorales" sectoriales como la Pastoral de la Tierra, la Pastoral de los Derechos Humanos, la Pastoral Indígena, la Pastoral obrera, ...) por lo general, las autoridades eclesiásticas se permiten un discurso social liberador, pero ejercen un ministerio cotidiano de cuño conservador hacia el interior de la Iglesia.

16. *Globalização: Novos desafios*, en "Revista Eclesiástica Brasileira", 56(1996), pp. 803-829.

## INICIATIVAS AMBIGÜAS

*En una diócesis del primer mundo se obligó a los párrocos a pasar por un entrenamiento específico para gerentes de empresas. Entre otras iniciativas y con el fin de conseguir fondos para la Iglesia, se organizaron concursos para elegir la princesa de la primavera, y otros por el estilo. Cada voto se compra. Las jóvenes de la parroquia eran "escogidas" de acuerdo con los votos que alcanzan a vender.*

Encuentros masivos de oración pueden transformarse en teatro de "milagros". La experiencia religiosa se liga a las emociones de lo maravilloso, de lo raro. Se venden esperanzas a los enfermos y a los pobres. En algunos de los nuevos movimientos religiosos, los humildes ganan la identidad colectiva de pertenencia a una "iglesia", pero desgraciadamente pierden al mismo tiempo su autodeterminación y su originalidad. Adquieren conocimientos bíblicos pero quedan amarrados a fanatismos y obsesiones, que "desmoralizan" al Dios de Jesucristo y al mismo Evangelio.

## 3. Lo positivo como desafío

No existió ni existirá jamás una realidad humana químicamente perfecta ni tampoco absolutamente mala. Jesús propuso la parábola del trigo y de la cizaña (Mt 13:24-30) para que nos diéramos cuenta de que no hay mal totalmente malo, ni bien totalmente bueno. Lo bueno y lo malo se mezclan en todas las situaciones y realidades.

El mundo contemporáneo tiene valores y conquistas positivas, como, por ejemplo:

- el respeto a la originalidad individual y a los derechos y valores de las personas, culturas y minorías, la sensibilidad en contra del racismo, del machismo o del fanatismo religioso de personas, grupos y países,
- la contemporaneidad de los eventos, que pueden ser conocidos en el mismo momento en que se desarrollan, por medio de la televisión, el internet o la radio,

- el mayor acercamiento entre los pueblos con un conocimiento más detallado de sus realidades, tradiciones, idiosincrasias, cultura e historia.
- la eficacia y la rapidez del transporte, la socialización de los descubrimientos, el uso de los medios tecnológicos, las medicinas, la socialización de experiencias y conquistas en todos los campos,
- el conocimiento directo de las realidades geográficas, zoológicas, sociales y políticas, la búsqueda de soluciones políticas más que militares para los conflictos regionales e internacionales, la búsqueda de la verdad, la denuncia de la corrupción, la mentalidad crítica sobre las instituciones y programas,
- la popularización del arte, de los conocimientos, de las técnicas,
- las conquistas en el campo de la salud, que van aconteciendo en progresión geométrica, de manera que ya no se acepta que ninguna enfermedad quede todavía sin posible cura, las inmensas posibilidades para el desarrollo físico, la medicina alternativa, la preocupación con la dieta y con los recursos del planeta tomados como patrimonio común,
- un humanismo fundamental, que subraya la individualidad, con mayor conocimiento de los derechos humanos y de las responsabilidades colectivas con relación a los recursos naturales, la mentalidad democrática participativa,
- el sentido de solidaridad entre pueblos y naciones, principalmente en los momentos de desastres naturales, ecológicos o sociales, la preocupación por la promoción de la mujer, por la erradicación de las segregaciones económicas, culturales y raciales,
- la denuncia a escala mundial de las dictaduras o tiranías que se han vuelto inaceptables para la sensibilidad moderna,
- la universalización del ocio, del turismo y del derecho al descanso,

- la eficacia de la producción y la abundancia de bienes disponibles, que permiten que por primera vez en la historia se pueda pensar en erradicar la pobreza del mundo.

Pero, a pesar de todos estos elementos positivos, persiste una cierta ambigüedad en los programas, ideologías, sistemas, y proyectos. Para descubrir cuál de estos elementos es todavía significativo y puede ser útil para nosotros, es necesario discernir y orientarse. Preguntas, como las que siguen, ayudan a hacer ese necesario discernimiento con relación al rumbo fundamental de la existencia:

- ¿Cuál es la meta final de todo? O sea, la referencia última, la visión global, el objetivo radical que no se puede negociar, la plenitud con la que se sueña.
- ¿Quiénes son los sujetos? Es decir, ¿quién detenta el poder verdadero? ¿Cómo lo obtiene, lo conserva y amplía? ¿Cómo lo ejerce?
- ¿Cuáles son los medios? O sea, el modo como funciona la estructura familiar, cultural, social, económica, política, recreacional, etc. Y el modo como funcionan los sistemas (sus prioridades, motivaciones, penalidades, compensaciones, ministerios, programas...).
- ¿Cuál es el precio que se paga (las exigencias)? Es decir, ¿qué se sacrifica, en cuanto a tiempo, salud, personas, dignidad... para alcanzar las metas establecidas?
- ¿Cuáles son los métodos? ¿Son coherentes con las metas? ¿Educan? ¿Convierten de verdad a las personas en sujetos capaces de participar y tomar decisiones?
- ¿Cuáles son las estrategias? ¿Son fieles a los valores que se proclaman y se asumen?

Las referencias orientadoras, desde las cuáles se ve el sentido de la existencia y se evalúan las alternativas, se pueden sintetizar en tres puntos clave: ¿Cuál es la meta? ¿Quiénes los sujetos? ¿Cuáles las mediaciones? O expresado en otros términos, las referencias básicas son

Dios, la humanidad y el mundo. Dios, o el ser supremo referencial; la Humanidad (cada individuo en sí mismo y relacionado íntimamente con los demás, es decir, en cuanto pueblo); el Mundo Material (bienes materiales y de producción, estructuras).

Los diferentes proyectos históricos se configuran según la manera como integran esas dimensiones. En el presente momento de la historia, el proyecto que tiene la hegemonía es el de lo "maravilloso", como ya se ha descrito, con su modelo neoliberal.

El desafío actual para la comunidad eclesial es complejo. Se trata de expresar el proyecto de Jesús, relacionándolo con las propuestas contemporáneas:

- ¿en qué las apoya?
- ¿en qué las cuestiona y denuncia?
- ¿en qué las completa y supera?

# II. EL PROYECTO DEL REINO: UN MODO COMUNITARIO DE SER Y DE VIVIR

El proyecto del Reino es Trinitario. Es el de un nuevo pueblo (en comunión con Dios Creador y entre sí), integrado íntimamente como cuerpo de Cristo (1Cor 12:27) y animado por el Espíritu (1Cor 3:16)[17]. El Reino incluye tres imágenes referenciales: Pueblo de Dios, Cuerpo de Cristo y Templo del Espíritu. La comunidad eclesial es servidora del Reino (germen y principio, signo y primicia).

## 1. La atracción de la buena nueva de Jesucristo

El Reino de Dios significa la presencia real de Dios en todo y en todos. Él da sentido a la creación, a la historia humana y ofrece respuestas a la más profunda sed y al más radical hambre del ser humano por la justicia, por la paz, por la verdad, por la libertad y por todo lo que hace acontecer el amor. Cada uno como individuo y todos como pueblo son amados incondicionalmente como hijos e hijas de Dios. Por lo tanto, todos son sujetos en la historia. Esto crea un nuevo centro de referencia con relación al mismo Dios, con uno mismo, con los demás

17. Toda verdadera renovación en teología proviene de contestar a la pregunta por lo "último" en la fe cristiana. Todos los cambios que se han producido en la teología desde hace un siglo provienen del redescubrimiento de que el mensaje de Jesús es escatológico. Entonces, se propuso un contenido concreto para lo escatológico: el Reino de Dios. Para la teología, esto significa el fin del positivismo teológico, dogmático o bíblico, y el comienzo de las teologías escatológicas, que han tratado de dar nombre a lo "último" de la fe y de desarrollarse desde allí

miembros de la misma familia humano-divina, con toda la creación, que es herencia comunitaria y responsabilidad colectiva.

La persona de Jesucristo, su vida y su mensaje, es clave para que se pueda captar la perspectiva del Reino de Dios. Según san Juan de la Cruz[18], Dios al darnos su Hijo, que es su Palabra, su única Palabra, nos dijo todo lo que nos tenía que decir y de una sola vez en esa única Palabra. Nada más tiene que decirnos.

El estilo de vida en el Reino de Dios es réplica de la espiritualidad radical de Jesús, es decir, de su referencia central del Abba (Papá-Mamá Dios), de su piedad y fraternidad, de su "señorío" de la creación.

Las bienaventuranzas evangélicas, anunciadas por Jesús como contenido del Reino, son al mismo tiempo su autorretrato. Vivir de acuerdo con el Reino de Dios significa continuar la tarea de Jesús, especialmente su ministerio profético de anuncio, denuncia, convocación, reconciliación, perdón, sanación, liberación y exorcismo. Nos ofrece una imagen de Dios mucho más amplia, inclusiva y profunda de la que cualquier religión jamás haya podido crear.

Los miembros del Pueblo de Dios son íntimamente atraídos por la comunión única con Dios-Comunidad. Son orientados hacia una misión universal y tienen un pacto de responsabilidad con toda la creación. Deben trabajar por la paz y la justicia y construir constantemente la comunión, en cada lugar y en cada momento de la historia.

¿Cuál es entonces el papel de la Iglesia? La Iglesia no es la meta sino que está en función de una realidad mayor que ella misma, en función del Reino de Dios. La Iglesia es sacramento de Cristo, que es a su vez sacramento del Reino. La Iglesia es, por tanto, realidad y mediación eficaz. Pero es sólo mediadora. No es propietaria de la salvación ni de la santidad.

Basta hacer tres preguntas sobre el proyecto de Jesús para detectar cómo es fascinante pero al mismo tiempo peligroso para los que pretenden ponerlo en práctica:

---

18. Cf. *Subida al Monte Carmelo*, Libro 2, cap. 22.

- ¿Qué dijo Jesús sobre Dios para que el poder religioso de su tiempo lo excomulgara?
- ¿Qué dijo Jesús sobre la persona humana para que el poder político le condenara a la pena capital?
- ¿Qué dijo Jesús sobre los bienes materiales para que los ricos de todos los tiempos (el poder económico) y las personas de las instituciones se sintieran gravemente amenazados?

Lo que Jesús manifiesta y establece no es solamente una nueva relación con Dios, como *Abba*, sino la aceptación del plan de Dios que incluye a toda la humanidad y a la creación entera en una comunión e integración de servicio en proceso hacia la plenitud en Dios (1 Cor 3:21-23; Rom 8:1; 1 Cor 15:28). La propuesta de Jesús es el Reino de Dios, vivencia del nuevo Pueblo de Dios: universal en cuanto invitación y definitivo, pero todavía en camino hacia su plenitud y realización total.

El Reino no es territorial o geográfico. Es de naturaleza e índole universal. Es teologal. Es el mismo Dios comunicándose en su esencia. El Reino no es transitorio. Sus valores son permanentes. Ninguna de las experiencias históricas lo realiza totalmente.

El Reino no es alienante, sino que libera. Viene a salvar del mal, de la muerte, del dolor y a establecer la justicia y la paz. Forma un nuevo pueblo y da comienzo a una nueva era. Es un don que irrumpe en la historia por la fuerza de Dios. Él supera las previsiones y los esfuerzos humanos. El anuncio del Reino es algo central en la predicación de Jesús, como algo ya presente (Lc 10,9: "El Reino se ha acercado a ustedes"). Jesús presenta, en efecto, el Reino:

- Como germen: Mt 13:31-33 (parábola del grano de mostaza).
- Como proceso: Mt 1:1-8 y 13:18-23 (parábola del sembrador).
- Como ruptura: Mt 13:24-30.36-43 (parábola de la mala hierba).
- Como presencia parcial: Mt 25:14-30 (parábola de los talentos).

- Como plenitud: Mt 22:2-14 (parábola de la fiesta de las bodas).
- Como participación: Lc 14:15-24 (parábola de los invitados que se excusan).
- Como tarea y responsabilidad: Lc 4:16-22 (Jesús en la sinagoga de Nazaret).
- Como don: Mc 4:26-29 (parábola de la semilla que crece por sí sola).
- Desde los pobres: Mt 25:31-46 (parábola del juicio final).

Hay muchos más textos que pueden ayudarnos a completar nuestra idea de lo que es el Reino. Así por ejemplo: Lc 7:18 (Jesús responde a los enviados de Juan el Bautista); Lc 4:15-21 (Jesús proclama su misión mesiánica); Mt 9:10; 11:9; Mc 2:15-17; Lc 7:31-35; 4:16-22 (Jesús comparte mesa con los pecadores); Lc 10,10-37 (el Reino está abierto a los extranjeros); Lc 7:36-50; 8:1-3; Jn 4:27 (Jesús se muestra libre para tratar con las mujeres incluyéndolas en su comunidad de discípulos).

Jesús anunciaba desde Galilea una buena nueva que iba a cambiarlo todo: "Se ha cumplido el tiempo. ¡El Reino de Dios está cerca! Conviértanse y crean en la Buena Nueva" (Mc 1:14-15). "Jesús recorría todas las ciudades y pueblos... proclamaba la Buena Nueva del Reino y sanaba" (Mt 9:35).

Jesús presenta un Reino de:

- Verdad: construir el Reino es edificar un mundo basado en la sinceridad. El anti-Reino es todo lo que significa engaño y mentira, todo lo que es corrupción y lo que confunde la realidad con subjetivismos culpables.
- Libertad: construir el Reino es luchar para que la humanidad viva de acuerdo con la dignidad de hijos e hijas de Dios. El anti-Reino se forma con todo lo que es esclavitud. El Reino es el gran proyecto del Padre de liberar a la humanidad de todo cuanto la aplasta y de dar respuesta a todas las esperanzas humanas (Mc 1:15). El anti-Reino esclaviza, destruye la dignidad humana, reduce los espacios de libertad.

- Fraternidad: Construir el Reino es formar una gran familia capaz de compartir, de solidarizarse, de reconciliarse y de vivir en unión y en paz. Dios ama a cada uno y a todos. Lo que cuenta en la gran familia que Él quiere construir es cómo sus miembros se aman, se ayudan, se respetan, se valorizan recíprocamente como hijos e hijas del mismo Padre, por lo tanto como hermanos y hermanas. El Reino es misterioso y se expresa a través de parábolas (Mt 13) y milagros que son señales de que ya está presente (Lc 11:20). Se dirige prioritariamente a los marginados de la historia y a los pobres de su tiempo: enfermos, endemoniados, hambrientos, samaritanos, paganos, publicanos, mujeres públicas y viudas. Jesús come con ellos para indicar que ellos son los primeros invitados al banquete del Reino (Lc 15:1-2), les llama bienaventurados (Lc 6:20-26), les perdona (Lc 7:36), se alegra de que el Padre les haya revelado los misterios del Reino (Lc 10,21-22; Mt 11:25-27) y se identifica con ellos (Lc 9:46-48; Mt 25:31-45). El Reino no se basa en el dinero, el prestigio o el poder (Lc 4:1-12), sino en el servicio humilde, la pobreza y la solidaridad. El anti-Reino es acumular, manipular y separarse de la comunión.
- Justicia: construir el Reino es derribar las barreras de la explotación y corrupción. El anti-Reino explota y corrompe. En las épocas de crisis y renovación, Dios interpela a su pueblo desde la marginación. Allí el pueblo recupera el sentido y el dinamismo de su marcha.
- Vida: construir el Reino es luchar a favor de la vida. El anti-Reino es lo que siembra y desarrolla formas de muerte.

Por eso, el Reino se construye a base de:

- Gratuidad: Jesús pone más énfasis en el perdón y en la reconciliación que en el juicio o la retribución. Dios perdona generosamente. Dios es gratuito (Lc 11:4; Mt 6:12; Lc 6:35; Mt 5:23-24; 18:21-35).

- Conquista: Las bienaventuranzas manifiestan precisamente la dimensión de promesa y de exigencia. Son una síntesis del Reino y de la espiritualidad cristiana. En ella se ve cuáles son las personas bienaventuradas para Cristo. Ellas revelan la verdadera faz de Jesús evangelizador, dicen lo que es el Reino y cómo se participa en él, desde ahora mismo.
- Liberación de los padecimientos físicos (Mc 1:30-31). Jesús da, en efecto, la vista a los ciegos, hace caminar a los paralíticos, cura a los leprosos, sana las enfermedades psicológicas (Lc 11:20; Mt 12:28). De hecho, sus adversarios nunca discuten el hecho de sus curaciones sino su significado. La interpretación que Jesús da de lo que está haciendo, indica cómo el Reino aniquilará definitivamente la enfermedad, la muerte y el mal. Estas curaciones ilustran el carácter liberador del Reino.
- Comunitariedad: En el Reino hay confianza, intimidad y libertad en la relación con un Dios presentado como Padre-Madre, lleno de compasión y de amor. Las parábolas de Lc 15 y Mt 20, 1-16 y el texto de Mt 5:43-48 subrayan esa generosidad sorprendente de Dios, al mismo tiempo que llaman a la conversión. La Ley queda subordinada al amor, a la misericordia, a la atención de las necesidades y dolor humano (Mc 2:23-28; 3:1-7; 7:1-23; 13:31; Mt 15:1-20; 22:40; Lc 10,25-37).
- Universalidad: o lo que es lo mismo, una concepción inclusiva del Pueblo de Dios. Jesús tiende siempre a ampliar las fronteras del Reino. Cuando todos hablan del 'resto fiel' que se salvará, Jesús elige a los Doce para simbolizar que su comunidad quiere abarcar a todo el Pueblo de Dios. Jesús no utiliza la tradicional imagen de la peregrinación escatológica de las naciones a Jerusalén. Prefiere hablar del banquete de la fiesta donde todos sin excepción están invitados de modo que los gentiles y marginados también puedan entrar (Mt 8:5-13; Lc 14:21-24; Mt 10,15; 11:20-24). Jesús no coloca como criterio para entrar en el Reino la

pertenencia al pueblo judío sino la fe, el amor al prójimo y la obediencia a Dios. Jesús relativiza todo lo que sea raza o condición social (Mt 8:5-13; Mc 7:24-30; Mt 7:15-27. Jesús cuestionó las actitudes, prácticas y estructuras que arbitrariamente excluían a posibles miembros de la comunidad (Lc 9:55; 10,33; Mc 7:24-30; Mt 8:5-1).

- Esperanza para la humanidad. El Reino es experiencia de Dios. Es una cualidad de vida y no un área de la historia. La victoria final de Dios está asegurada (Mc 4:3-9; 4:26-29 .30-32; Mc 14:25; Lc 22:16). La llegada del Reino significa la victoria sobre el mal y la muerte (Lc 10,17; Mt 13:14-43; Mc 13:7-27). Todos estos aspectos convergen en el tiempo presente, que es tiempo de vigilancia (Mc 13:33-37) y de confianza (Mt 10,16-31; Mc 13:11-13).

Jesús presenta la originalidad y finalidad del Pueblo y del Reino de Dios como el centro de su misión mesiánica, cuando pública y oficialmente, en la sinagoga de Nazaret se aplica a sí mismo el texto de Isaías que describe el Reino (Lc 4:16-22).

El Reino, como proyecto dinámico, integra en una original unidad vital, histórica y trascendente a Dios (*referencia última*), a la humanidad (*el sujeto colectivo*) y al mundo (*la mediación instrumental*).

## 1.1. Dios es Abba y Koinonía (Comunión)

El Dios del Antiguo Testamento se presentaba como liberador y salvador bueno: "Cuando Israel era niño, lo amé; desde Egipto llamé a mi hijo" (Os. 11:1); "aunque una madre se olvidara de su hijo, yo no me olvidaré" (Is 49:4.14-15). Es el Dios del huérfano, de la viuda y del desvalido (Jdt 9:11; Sal. 11:10; 103:6). Dios vela sobre las personas y escucha el grito del pobre, del oprimido, a diferencia de los dioses de entonces que escuchaban solamente a sus protegidos, el Faraón o Rey: "Vi la humillación de mi pueblo en Egipto y escuché sus gritos... Reconozco su sufrimiento. Bajé para liberarlo del poder de los egipcios y para hacerle subir de aquí a un país grande y fértil, a una tierra donde mana leche y miel" (Ex 3:7-8).

Jesús propone un progresivo ideal de comunión con Dios, predicando que Dios:

- toma la iniciativa y asume todo de la humanidad, menos el pecado (Fil. 2:6-7);
- invita a todos a ser amigos suyos (Jn 1:35-41; 15:15-16);
- se relaciona con sus amigos de una manera profunda, como las ramas con el tronco (Jn 15:1-5).

Esa comunión llega a ser tan profunda como la de la misma Trinidad, es decir, como Dios está unido a Dios en el misterio Trinitario (Jn 17:21). El secreto de Dios es la Trinidad. Su designio es hacer a todos partícipes de su intimidad.

Jesús, que sabe todo de Dios, que es su Hijo Unigénito, lo presenta de un modo nuevo como el Padre que invita, que acoge, que perdona, que está cercano a sus criaturas, sus hijos e hijas (Mt 6:26-30; Lc 11:10-13). Nos invita a llamar Padre a Dios (Lc 11:5-10; Mt 23:9; Lc 11:2). Frente a Dios no hay miedo, sino comunión y semejanza[19]. Un biblista decía que "Abba" fue la palabra más escandalosa que Jesús pronunció. Las autoridades religiosas de su tiempo no la pudieron aceptar. Acabó siendo tomada como evidencia para su condenación.

19. "La primera palabra de la oración del Señor es una bendición antes que una petición. La gloria de Dios es que nosotros lo reconozcamos como 'Padre', Dios verdadero, le damos gracias por habernos revelado su Nombre, por habernos concedido creer en El y por estar habitados por su presencia" (*Catecismo de la Iglesia Católica*, n. 2781). "El hombre nuevo, renacido y restituido a su Dios por la gracia, dice primero 'Padre', porque se tornó hijo" (S. Cipriano, *Dom. orat.* 9, citado en el CIC, n. 2782). "Movidos por el Espíritu, llamamos a Dios Abba" (Gal 4:6; Rom 8:15). "Nos llamamos y somos hijos" (1Jn 3:1). Jesús nos revela este misterio (Mt 11:27) porque Él conoce al Padre (Jn 1:18). Dios es presentado como Padre 42 veces en Mateo, 4 en Marcos, 15 en Lucas, 109 en Juan y 60 en Pablo (cf. especialmente Rom. 8:15 y Gal 4:6). La experiencia del hijo pródigo (Lc 15:11-32), la afirmación de que Jesús es la imagen visible del Padre invisible (Col. 1:1.15. Jn 14:6) o el darnos cuenta de que la verdadera imagen de Dios es la persona humana (Gn 1:26) son referencias que nos pueden ayudar a entender mejor este aspecto. Siempre que Dios entra en la historia, es para crear comunidad (*Lumen Gentium*, 9). Dios es la referencia central, radical, constante para todo. Su voluntad, su proyecto, su Reino, es lo que orienta la vida de la humanidad. Jesús lo manifiesta y comunica a todos los que se convierten y aceptan su mensaje.

## LLÉVATE LA LLAVE

*Una tarde un padre de familia se encontró a su mujer llorando. Su hijo acababa de preparar su maleta y se disponía a abandonar la casa familiar. Quiso preguntarle, dialogar con él, intentar comprenderlo. Pero lo paralizaron sus respuestas frías. Quedó allí, destrozado, sin poder reaccionar. Segundos más tarde, el hijo desapareció dando un portazo... Entonces el padre dio un salto, corrió y alcanzó a su hijo. Le entregó su propia llave de la casa y le dijo: "Toma, cógela. Así cuando vuelvas, no hará falta que llames a la puerta".*

El Dios del que Jesús habla, el Dios que nos revela, es tan diferente del Dios que habitualmente nos imaginamos que al descubrirlo por primera vez muchos se sorprenden. Hubo una persona que nos comentó: "Es como si se nos cortara la respiración". El conocimiento de Jesús sobre Dios era como un secreto escondido desde el comienzo del mundo. Entonces, ¿qué nos reveló Jesús sobre Dios?

- Que Dios no es alguien lejano.
- Que el mal no viene de Dios, porque Él odia el mal y lucha en su contra. En efecto, Dios quiere el mal no sólo lejos de su pueblo, sino lejos de todos los pueblos; no por un día o por un tiempo sino para siempre.
- Que Dios está lleno de misericordia ante el sufrimiento de cada ser humano. Él quiere librarlo no haciendo ocasionalmente un milagro, sino viniendo a vivir entre nosotros, compartiendo la vida con nosotros, sufriendo con nosotros las diferentes tentaciones y miserias humanas, para poder destruir completamente todo el mal.
- Que es Abba (Gal. 4:6-7). Jesús presenta a Dios con un término familiar, Abba (Mc 14:36). Es una manera tan íntima de relacionarse con Dios que hasta uno tiene cuidado de no pronunciarlo en público, como si eso hiciera perder a la palabra todo su encanto. Abba significa estar ligado a

Dios por vida y de por vida, haciéndose responsable de sus asuntos. El lenguaje bíblico anterior a Jesús subrayaba más bien el respeto, la admiración, el miedo, el poder (Dios era el "Dios de los ejércitos").

La parábola del padre bueno

Jesús cuenta historias para transmitir su visión de Dios. Esas historias parecen no tener lógica, porque sólo con la inteligencia no se alcanza a captar su significado. En esta línea se mueve la denominada "parábola del hijo pródigo" (Lc 15:11-32), que en realidad es una parábola sobre el padre. Lo que Jesús quiere subrayar es que el amor del Padre es gratuito, pero que, al mismo tiempo, es un amor que compromete.

En la realidad cultural de aquel tiempo el hecho de que el hijo menor pidiese su herencia y abandonase la casa con ella era algo gravísimo. Kenneth E. Bailey afirma que "durante casi 15 años estuve preguntando a personas de las más variadas culturas, desde Marruecos a India, desde Turquía a Sudán, sobre las implicaciones de la petición que el hijo menor hizo sobre su parte de la herencia mientras que su Padre estaba todavía vivo. La respuesta ha sido siempre la misma. El diálogo era más o menos el siguiente:

¿Tienen noticia de alguno de su pueblo que en algún momento llegase a formular semejante exigencia?

¡Jamás!

Si alguien lo hubiera hecho, ¿qué habría sucedido?

¡El padre lo hubiera matado a golpes!

Es que esa petición significaba que el hijo estaba pidiendo la muerte del padre. El hijo exigía algo a lo que no tenía derecho mientras el padre viviese. Pedirlo era una forma de decir que para él su padre ya estaba muerto. Pasaba a actuar bajo tal suposición"[20].

---

20. Kenneth E. Bailey, *Poet and Peasant and Through Peasant Eyes: A literary-cultural Approach to the Parables*, Ed. William B. Eerdmans, Grand Rapids, Michigan 1983, pp. 161-162. Después de decidir lo que quería dejar a su hijo, el padre tenía todavía el derecho de usufructuar aquella herencia mientras viviera. El hijo no sólo está pidiendo la división de la herencia sino también el derecho de disponer de su parte.

La petición del hijo y su abandono del hogar familiar era, por lo tanto, un acto mucho más ofensivo de lo que podemos pensar a primera vista. Era un rechazo despiadado del hogar donde el hijo había nacido y se había alimentado. El hijo rompió con una tradición, siempre observada por la comunidad de la que formaba parte.

"Cuando el texto del evangelio dice: 'y se fue a una tierra lejana', indica mucho más que el deseo de un joven de ver mundo. Se trata de un corte radical con sus raíces, con lo que había sido un legado sagrado que las generaciones habían conservado cuidadosamente. Más que una falta de respeto, era una traición a los valores de la familia y de la comunidad. Lo considerado sagrado hasta entonces, era negado"[21].

Los dos hijos pecaron. Tanto el que se fue lejos como el que se quedó en casa. Éste también se había perdido interiormente. Se había quedado con su padre, pero tornándose infeliz y sin libertad[22].

El pecado de los hijos de la parábola de Lucas fue la infidelidad al amor del padre. El padre sale a la búsqueda del hijo mayor igual que fue a la búsqueda del más joven. A ambos invitó a venir a la fiesta. No amaba al más joven más que al mayor.

Henri Nouwen comenta: "Hay mucho resentimiento entre los 'justos'... mucha condenación y prejuicio entre los 'santos'. Hay mucha rabia congelada en tantas personas muy preocupadas en evitar el pecado... El resentimiento es el fruto amargo de la necesidad de agradar".

Sin embargo, el Padre se da a sí mismo en una variedad infinita de formas. La tradición cristiana expresa ese misterio en términos de paternidad-maternidad. Los creyentes son invitados a acercarse a él en silencio, saliendo de sí mismos, en contemplación. Hacer la voluntad del Padre significa entonces:

*Acogerlo*, entrar en la gran fiesta de su convivencia, que incluye a los demás. El pensamiento de Henri Nouwen ayuda a entender mejor

21. Henri Nouwen, *The Return of the Prodigal Son*, Image Books-Doubleday, New York, pp. 35-36.

22. Este hijo mayor representa ciertamente el síndrome de los "buenos", de los que procuran "progresar, hacer carrera" dentro de las estructuras, incluso de las eclesiásticas... De los que quieren vivir de acuerdo con las expectativas de sus papás y esperan ser considerados obedientes y fieles. Ellos quieren agradar, pero temen defraudar a sus superiores. Con frecuencia sienten una cierta envidia de sus hermanos y hermanas menores, que parecen menos preocupados en agradar y son mucho más libres para "hacer sus propias cosas".

esa dinámica de Dios: "No puedo pensar en Dios jugando a esconderse de nosotros, procurando hacer lo más difícil posible el encontrarlo. Es exactamente lo contrario. Dios nos busca siempre, lo que pasa es que a veces somos nosotros los que nos escondemos. El deseo de Dios es simplemente el de estar con nosotros... No estamos acostumbrados a imaginar a Dios organizando una tremenda fiesta para nosotros (Mt 22:4)"[23].

*Valorar* a los demás como compañeros de camino, como miembros de la misma nueva familia humano-divina.

*Cuidar* de las razas, de las culturas, de los bienes creados, porque todo está al servicio de todos. La espiritualidad que explicita y profundiza esta fe en el Padre lleva a un sentido de contemplación de todo lo creado, a la administración responsable del mundo de Dios, colaborando con la vida en sus diferentes formas.

Jesús es la manifestación histórica, original y profética del misterio de Dios. En efecto, el supremo misterio del Padre asume una forma histórica en Jesús, el que vivió haciendo el bien, curando y compadeciendo a todos. Jesús es el Verbo, la revelación definitiva y completa de Dios. Es la luz que ilumina a toda persona que viene a este mundo (Ef. 1:20-21 Jn 1:3). Clemente de Alejandría y Justino, dos Padres de la Iglesia, hablan de las "semillas del Verbo" que están presentes en el corazón de todo hombre.

Jesús es la imagen visible del Padre (Col. 1:1.15; Jn 14:6). Dios es de tal forma la plenitud de todo que ser una sola persona no le es suficiente. Él es comunión, Trinidad. Todos los seres vivientes están llamados de una forma o de otra a participar en su vida, a ser de su familia. Cuando Jesús llama a Dios "Padre Nuestro", no está pensando solamente en los fieles individuales, sino en una familia, en un pueblo radicalmente nuevo y diferente.

El Espíritu es el fluir de la vida de Dios en todas las cosas y tiempos. Es el poder que es capaz de transformar y recrear el universo. El Espíritu es alegría, danza, sabiduría y comunión universal. Está en todas partes y todo lo planifica. Es bondad, amor, fiesta, sanación, paz.

---

23. Henri Nouwen, o. c., pp. 106-107.

Penetra toda la realidad y, haciéndolo, la conserva viva, bella, orientada a la libertad, a la celebración y al discernimiento[24].

El Espíritu no puede ser programado. Su fuerza brota desde dentro de la vida de los cristianos (y de otros), desde dentro de todos aquellos que desean responder seriamente a las exigencias que traen las nuevas realidades del mundo y de la sociedad.

Tenemos la impresión de que en nuestro mundo aumenta todo lo que es negativo. Desde los desastres naturales o la destrucción del medio ambiente al que estamos a punto de causar un daño irreversible, hasta los nuevos males morales como las drogas, el terrorismo, el aumento de la criminalidad o el desempleo. Sin embargo, el Espíritu cambia lo que parece irreversible. Es esperanza radical. Es comunión con todo lo que tiene vida, pues allí está la presencia de Dios Creador. Su presencia transforma y renueva todas las cosas.

La Iglesia, en su totalidad, es el lugar privilegiado de la presencia del Espíritu. No hay en ella sectores que gocen del Espíritu y sectores privados de Él. El Espíritu no está "dormido" en nadie. Dentro de la Iglesia, la resistencia al Espíritu se manifiesta bajo la forma de resistencia a las nuevas expresiones culturales que adopta el mensaje cristiano. Quizá éste sea una de los mayores pecados históricos del catolicismo romano[25]. La fidelidad al Espíritu exige estar atento a sus manifestaciones, vengan de donde vengan[26]. El Espíritu no deja que el mensaje evangélico se quede "en aquel tiempo". Él es precisamente el que nos lleva a descubrir las nuevas posibilidades y significados del mensaje para este tiempo.

Sin Espíritu, la Iglesia no pasaría de ser una pura organización; la esperanza sería sustituida por la institución; la misión por la propaganda y el proselitismo; la liturgia se convertiría en ritual; la audacia evangelizadora desaparecería; la catequesis se volvería doctrina; la

24. En la carta a los Gálatas, Pablo enumera los dones del Espíritu: "caridad, alegría y paz, generosidad, comprensión de los demás, bondad y confianza, mansedumbre y dominio de sí mismo" (5:22).

25. Cf. Adolpho Nicolas, Conferencia de Bandung, Indonesia, 1990.

26. "Nadie debe extrañar las iniciativas del Espíritu, menos todavía indignarse frente a ellas, porque no fueran antes aprobadas por Roma" (José Antonio Pagola, *Fidelidad al Espíritu en situación de conflicto*, p. 35).

autoridad se haría dictadura; la libertad de los hijos e hijas de Dios se asfixiaría; brotarían la apatía y el fanatismo; la vida eclesial se tornaría mediocre.

Padre, Hijo y Espíritu. Dios es como un coro de tres personas que en unísono cantan la misma canción.

## LA TEOLOGÍA DE DOÑA ERNESTINA

*Fernando Altemayer, Profesor en la PUC (Pontificia Universidad Católica de S. Paulo) dijo que le resultaba difícil explicar el misterio de la Trinidad. Entre los miembros de aquella Comunidad parroquial situada en la periferia de São Mateo, una pequeña ciudad del estado de São Paulo en Brasil, estaba doña Ernestina. Levantó la voz y dijo que para ella, el tema no resultaba tan difícil: "La Trinidad es como un huevo. Es uno sólo. El Espíritu que lo envuelve es la clara. El que engloba todo, el cascarón, es el Padre, que se abre para dar a su Hijo, a la humanidad".*

## EN EL SUPERMERCADO

*La niña de pelo dorado estaba sentada en el carrito del supermercado que la mamá empujaba. No tendría más de dos años de edad. Observaba con interés como su papá escogía de las estanterías los diferentes productos. Cada vez que tomaba una cosa, el papá se lo entregaba a la niña para que ella lo pusiese en el carrito. Cada vez que le daba algo, la niña le devolvía al papá una gran sonrisa para manifestar su contento. En su perspectiva de niña, todo lo que había en el supermercado estaba a disposición de su papá, que le regalaba a ella lo mejor. Al final, el papá la abrazó y besó con un cariño inmenso.*

No es difícil vislumbrar en ese trío de personas la perspectiva del Reino. El papá es Dios Padre que tiene todo a su alcance. La mamá es el Espíritu que empuja el carro de la historia. La niña es la humanidad que acoge la gratuidad de Dios, expresado en tantos gestos de amor efectivo.

### 1.2. Hermanos y hermanas, formando una sola familia

Aceptar el Dios de Jesús es aceptar el Reino de Dios, que es la realización absoluta de la humanidad, de todos y de toda la historia humana como un pueblo nuevo, como la familia de Dios. Es importante e iluminador repensar el mensaje evangélico en clave antropológica. Todos los que vivimos en este mundo, hombres o mujeres, de todas las razas y condiciones, somos por origen y destino hermanos y hermanas, llamados a expresar históricamente esa realidad de la nueva familia de Dios. Jesús, en efecto, nos enseña cómo conocer a Dios, cómo nos podemos acercar a Él y cómo le podemos responder individual y comunitariamente.

Jesús de Nazaret, siempre cercano a la realidad de su pueblo, es portador de una buena noticia de liberación no solamente para sus contemporáneos sino para la humanidad de todos los tiempos. Él salva desde "dentro". Está presente en los crucificados de la historia. Desde su especial presencia en los pobres de todos los tiempos, nos invita a participar en una experiencia de Dios que transforma y convierte mentalidades, comportamientos, estructuras y sistemas.

### LA IMAGEN DE DIOS

*En su libro "El Poder y la Gloria", el escritor Graham Green relata una historia que sucedió durante la época en que el gobierno en el poder persiguió la religión con gran fanatismo. Cuenta que en un cementerio rompieron el rostro de todos los crucifijos. ¡Qué insensatez!, comenta el autor, pensar que se puede eliminar la imagen de Dios de entre los vivientes rompiendo objetos religiosos. Si la imagen de Dios fuera un sapo o una artesanía, bastaría entonces matar todos los sapos y romper todos y cada uno de los objetos que representasen la divinidad (estatuas, pinturas...) para que se borrase del mundo el recuerdo de Dios. Pero como es la persona humana la que está hecha a imagen y semejanza de Dios, entonces habría que matar a toda la humanidad para cancelar su imagen.*

En América Latina y en tiempos más modernos, la voz de Monseñor Romero nos recordaba que "la gloria de Dios es que el pobre tenga vida, que llegue el Reino del Padre, como cercanía de amor, de justicia, de fraternidad y de paz"[27].

## LA GLORIA DE DIOS

*La gloria de Dios es que se tenga vida, decía San Ireneo, uno de los Padres de la Iglesia.*

Siguiendo a Jesús, la persona es conducida al misterio del Padre. Jesús nos enseña dónde encontrarlo y en qué consiste su gloria. Nos enseña que Dios vive en la humanidad. Es el Dios de la vida, protector de los pobres y de los oprimidos. Escucha su clamor y toma partido por ellos. Nos pide que luchemos contra el dolor, la injusticia y la opresión.

El Dios que se revela en Jesús es el mismo que se reveló a Moisés como moderador de su pueblo. Es el que habló por los profetas reclamando la fidelidad de su pueblo a la justicia y a la misericordia. Es el que dijo que conocerlo es hacer justicia a los pobres e indigentes (Jer 22:16) y que no hay conocimiento de Dios allá donde se miente, se asesina, se roba y se adultera. (Os 4:1-2). Ese mismo Dios es el que finalmente habla por su Hijo. En Jesús ha plantado su tienda de campaña entre nosotros y permite que se le contemple en toda su gloria, la gloria propia del Hijo único del Padre (Jn 1:4).

---

27. Mons. Oscar Romero, Discurso con ocasión de su Doctorado Honoris Causa en la Universidad de Lovaina (Bélgica).

## NO SE ESCOGE, SE ACOGE

*Los amigos, cada uno los puede elegir. Sin embargo, los hermanos no se pueden escoger sino sólo acoger. Los hermanos nos vienen dados. Son un regalo de Dios que se debe recibir y valorar durante toda la vida. Son un misterio y una responsabilidad.*

El único modo de acoger los dones de Dios es compartiéndolos. Uno acoge a los demás como hermanos y hermanas cuando comparte con ellos los bienes de los que es sólo administrador.

## EL SÍNDROME DE HIJO ÚNICO

*El niño, que es hijo único, centra afecto y bienes en torno a sí y para sí. A partir del momento que tiene un hermanito o hermanita, tiene que aprender a socializar todo, a compartirlo. Así descubrirá que el amor, cuando se comparte, no disminuye sino que se potencia.*

La fraternidad establece lazos que aparentemente limitan el campo de acción del individuo pero en realidad son lazos que dan seguridad y fuerza a todos y cada uno de los miembros de la familia.

## VÁYASE A UNA IGLESIA DE NEGROS

*Gandhi, cuando leyó por vez primera el Sermón de la Montaña, pensó que el cristianismo, el mensaje de Jesús, podría ser la solución para el problema de las castas en India. Decidió hacerse cristiano y se dirigió a una iglesia para allá empezar a recibir catequesis y llegar a participar en los sacramentos. En aquella época Gandhi vivía en África del Sur. Lo acompañaron a la puerta de la iglesia y le dijeron que mejor se fuera a una iglesia de negros. Nunca más volvió.*

En el acto cristiano de fe está incluida una opción política fundamental: que todas las personas tienen una dignidad inalienable, sin que esa dignidad quede de ningún modo afectada por su raza, edad, sexo, salud, cultura, color de la piel, poder económico o cualquier otra condición. Dios no acepta las ofrendas de quien no toma en cuenta a los demás (Mt 5:24) ni tampoco de los que no han sido responsables por su prójimo (Mt 25:42-45).

## 1.3. Administradores de los bienes materiales

La fe cristiana incluye también una opción económica. Nuestra fe da un especial valor al mundo (al cosmos) y al proceso histórico debido a la peculiar concepción que tiene de Dios y de la persona humana. Dios mantiene todo lo que existe en su existencia. Su poder creador está en acción aquí y ahora. La creación continúa. Si todos somos hijos e hijas de un Padre-Madre Creador de todos, entonces también todos somos herederos. Por tanto, los bienes materiales deben estar al servicio de todos. El que los posee, los tiene sólo en régimen de administración y no de propiedad[28].

Todos están llamados a participar en las decisiones que tocan a todos, en los proyectos comunes, tanto para tomar las decisiones como para llevarlos a cabo, evaluarlos y disfrutar de sus resultados, ya que todos son fundamentalmente iguales en derechos y deberes (en la perspectiva y armonía de la gran familia humana).

Creer en Jesús como Hijo de Dios implica asumir una posición crítica contra cualquier forma de avaricia, cerramiento, resentimiento, frustración, autodestrucción, aislamiento, autosuficiencia, violencia y materialismo. Creer en Jesús es optar por la comunión, el servicio, la alegría, la paz, la justicia y el amor. Los hermanos y hermanas son administradores corresponsables de toda la creación, que debe ser compartida entre ellos.

En relación con los bienes materiales, Jesús nos enseña a asumirlos

28. En Lev. 25 y Deut 1:6-17 se encuentra la original propuesta del jubileo. Durante ese tiempo, además de otras normas y celebraciones, la tierra que había sido vendida, por ejemplo, para pagar deudas, debía retornar a sus dueños originales. Así pues, según el Antiguo Testamento, cada cincuenta años se recobraba la propiedad empeñada y los esclavos retornaban a su familia.

como administradores, corresponsables de ellos con hermanos con los que estamos llamados a compartirlos[29].

En un hecho que a este mundo llegamos sin nada y nos vamos sin nada. Lo que tenemos sólo lo administramos por algunos años. Al morir se deja todo lo que se tiene y se recibe todo lo que se dio.

Juan Pablo II, en el mensaje de Cuaresma de 1992, resume la doctrina de la Iglesia sobre los bienes afirmando que la creación pertenece a todos. Jesús estaba junto al Padre, desde el principio, preparando la mesa maravillosa de la creación, a la cual quiso invitar a todos, sin excepción (cf. Jn 1:3). Es una verdad, manifestada desde los inicios de la Revelación. La Iglesia la propone al pueblo, como un estilo de vida (cf. Hch 2:44-46; 4:32-35). Es, además, el centro de su doctrina social. El destino universal de los bienes no sólo tiene prioridad sobre cualquier forma de propiedad privada sino que la da su verdadero sentido. Desgraciadamente, la tierra y la mayor parte de los bienes están todavía en manos de una pequeña minoría, pero hay que cambiar esa situación porque cada ser humano necesita poder usar una parte de esos bienes para realizarse como tal[30].

La humanidad debe conservar el medioambiente y todos los seres de la creación respetando su identidad. La ecología no es sólo un problema externo de relación con la naturaleza, sino que está dentro del ser humano, por el simple hecho de que los seres humanos formamos y somos parte de ese universo[31]. Desde la perspectiva cristiana, la ecología tiene una dimensión fundamentalmente religiosa. Es la toma de conciencia de la creación como acto continuo de Dios y de cómo a través de la creación nosotros estamos en relación con Dios, con Cristo, con la humanidad y con el universo entero (cf. 1 Cor 3:21-23; 15:28).

29. Esta doctrina no es nueva. Ya viene del Antiguo Testamento: "La tierra no puede venderse para siempre, porque es mía y ustedes están en mi tierra como forasteros y huéspedes" (Lev 25:26). Por eso, en Deut 15:4 Dios pide que "no haya pobres entre ustedes". Y, a través del profeta Amós, dice: "No voy a olvidarme de los pobres" (8:4-7). Por fin, ya en el Nuevo Testamento, Jesús se pregunta en el evangelio de Lucas: "¿Quién se quedará con lo que amontonaste?" (12:20).

30. Cf. Juan Pablo II, *Mensaje de Cuaresma*, 1992.

31. La revista "Pasos" en su número 68, de noviembre-diciembre de 1996 (San José de Costa Rica), en un artículo sobre ecología, habla de diferentes tipos de ecología: conservacionista, ambientalista, humana, social, mental, racial, y holística (p.1).

Los bienes deben ser compartidos según las necesidades de cada uno, que trabajará según sus posibilidades y recibirá según sus necesidades. Deben ser usados con austeridad, con responsabilidad y en justa medida.

Las tres referencias que hemos dado: 1) somos hijos e hijas, 2) somos hermanos y hermanas, y 3) somos administradores, deben ser asumidas íntegramente. Ninguna de ellas puede ser excluida. Ninguna de ellas debe excluir a las otras.

Esas tres referencias se verifican en un proceso que sube de lo material hasta Dios, pasando por el hecho de que somos hermanos y hermanas. En la medida en que se comparten los bienes con criterios de fraternidad, nos hacemos realmente hermanos y hermanas unos de otros. Al ser realmente tal, nos volvemos hijos e hijas de Dios. Cada etapa comprueba y verifica la siguiente. Intentar saltar una de ellas y tratar de llegar directamente a Dios es imposible.

Dios mismo nos invita a volver atrás y dar el paso que nos hemos querido saltar, cuando nos pregunta: "Cuando me dices 'mi querido padre', debo preguntarte por mi familia. ¿Cómo está tu hermano Abel?" (Gen 4:9-10). 0 también, "Si alguien tiene las manos sucias por la sangre que derramó, ¿cómo las puede levantar en oración a Dios?".

Los hermanos y hermanas también nos pueden cuestionar: "¿Por qué me llama "hermano/a", si no es capaz de compartir conmigo lo que nuestro Padre común ha destinado para todos?".

Desde que Jesús enseñó a sus discípulos a rezar, ellos ya no pueden decir sólo "Padre mío" sino "Padre nuestro". Ni tampoco pueden decir "mi pan" sino "pan nuestro". La oración del Padre Nuestro es la mejor síntesis del Reino. En ella el Reino viene descrito:

- en forma de gracia y no de juicio;
- en línea de comunidad y no de individualismo;
- en el perdón que se pide, se recibe y se da;
- en el regalo de la vida que se alimenta y se ofrece.
- Por eso oramos:
- diciendo "Padre nuestro" y no "Padre mío";

- pidiendo el “pan nuestro”, que no se acumula, pues se pide lo necesario para cada día, para hoy;
- el perdón se socializa;
- la tentación no desaparece, pero se vence;
- en mal no permanecerá para siempre, porque será destruido en el perdón.

## 2. Comunidad: primicia y sacramento

En el relato del bautismo de Jesús se puede captar la nueva perspectiva del Reino. Lo sagrado ya no se restringe al ámbito del templo o a las manos de los sacerdotes. Dios está presente en Jesús en el Jordán en medio de la gente. Ya no habla de un lugar santo, sino del pueblo de Dios, del Reino que ya está presente.

Jesús encuentra tiempo en su ministerio –de madrugada, durante la noche, entre una predicación y otra– para gastar largas horas en oración, en diálogo con Dios. Está en constante comunión con el Padre y el Espíritu. Y los suyos son invitados a participar en esa comunión (cf. Jn 17).

Su Iglesia será el principio y la señal de la comunión con Dios y entre todos. Desde el inicio de su ministerio Jesús procura formar una comunidad de discípulos (Jn 1:35-51), a la que confía su misión (Mt 18:18-20). Sus seguidores se reúnen como Iglesia, señal y primicia de la gran comunión universal, que será el Nuevo Pueblo de Dios.

## 3. Las acciones salvadoras. Exorcismos y milagros

Cuando leemos el evangelio, Jesús se nos muestra predicando la Buena Nueva, haciendo exorcismos y milagros. Así, por ejemplo en Marcos: “Recorrió toda Galilea. Predicaba y expulsaba a los demonios. Se le acercó un leproso... y Él lo curó” (1:39-42). En el tiempo de Jesús, el poder del mal tenía muchos nombres: demonio, diablo, Belcebú, príncipe de los demonios, Satanás, dragón, dominaciones, poderes, potestades, soberanías y otros[32]. Todos esos nombres indicaban a veces

32. Cf. Mc 3:22-23; Mt 4:1; Ap 12:9; Rom. 8:28; Ef 1:21.

el poder del mal que desviaba a las personas del buen camino[33]. En otros momentos se referían al poder político romano que oprimía y explotaba al pueblo[34].

En el evangelio de Marcos al poder del mal se le denomina con el nombre de legión (Mc 5:9), espíritu mudo (Mc 9:17), espíritu sordo (Mc 9:25) o espíritu impuro (Mc 1:23; 3:11). La maldad aparece, en la Biblia, de manera personalizada, colectiva (en Mc 5:1-20 es una manada de cerdos), estructural, crónica (como en la historia de la mujer que sufría flujo de sangre en Mc 5: 25-34), como hecho consumado (la historia de la hija de Jairo, Mc 5:38-43), sistemática o ideológica. El mal no es visto sólo como un evento fortuito ni como karma. El pueblo estaba atemorizado ante ese poder del mal. Por eso, los exorcismos de Jesús son buena nueva. Representan el poder más fuerte de Dios que libera el miedo ante el poder del mal (Mc 3:27)[35]. El exorcismo es liberación de los males, de lo que se ve y de lo que no se ve. De sus consecuencias y de sus causas profundas.

Lo que parecía imposible, vencer al mal, ya no lo es debido a la presencia de Jesús[36]. En los milagros, Jesús lucha contra la evidencia negativa, contra las situaciones consideradas irreversibles, como en el relato de la resurrección de Lázaro (Jn 11:1-44). En ellos las personas son sujetos activos como cuando Jesús pide la fe del que va a ser curado o cuando exige la participación de otra persona para que el milagro tenga lugar[37].

La expulsión de los demonios así como el resto de los milagros manifestaban la Buena Nueva del Reino. Carlos Mesters dice que "de ese modo Jesús devolvía las personas a ellas mismas. Les daba otra vez juicio y conciencia (Mc 5:15)". Y continúa, "en vez de apelar a

33. Por ejemplo, durante los cuarenta días en el desierto, Jesús fue tentado por Satanás que quiso llevarlo por otro camino (Mc 1:12; Lc 4:1-13).

34. En el Apocalipsis al Imperio Romano se le identifica con el "gran dragón, la antigua serpiente, el llamado diablo Satanás, seductor de toda la tierra habitada" (12:9).

35. En el Evangelio de Marcos, el primer milagro de Jesús es la expulsión de un demonio (1:25). El primer poder que los apóstoles reciben al ser enviados en misión es el de expulsar demonios (Mc 6:7). La primera señal que acompaña a los que creen es la expulsión de los demonios (Mc 16:17).

36. Cf. Mt 20:29-34; Mc 10:46-52; Lc 18:35-43.

37. Cf. Jn 6:1-15; Mc 8:1-10; Mt 15:35-39.

Satanás para explicar los fenómenos y las enfermedades, sería mucho mejor imitar a Jesús y hacer, dentro de la cultura de nuestro tiempo, lo que Jesús hizo dentro de la cultura de su tiempo, a saber, combatir el poder del mal con los medios que tenemos a nuestra disposición... Hoy expulsar el poder del mal significa: liberar a las personas del miedo...; hacer que ellas puedan experimentar el poder de Dios a través de la participación en la comunidad; descubrir las causas del mal y organizarse para atacarlas de manera eficaz; expulsar la alienación, alimentada por los medios de comunicación"[38].

## 4. La prioridad son los pobres

Jesús anuncia el Reino a todos. No excluye a nadie, pero lo anuncia a partir de los excluidos[39]. Jesús asumió a todos precisamente porque se hizo pobre (Fil 2:5-8). Dios se revela, se acerca, desde el último para que de ese modo nadie se quede fuera de su amor salvador. Desde el lugar del último, Jesús puede abrazar a todos precisamente porque es el último.

Dios se alegra cuando un pecador vuelve. Estadísticamente la conversión de un solo pecador no es gran cosa, pero todo indica que Dios no se deja impresionar mucho por los números. Son muchos los pasajes del evangelio en los que Jesús aparece junto con los pecadores, publicanos o prostitutas. En Lc 7:36-50 habla con una mujer pública y hasta se deja tocar por ella en casa de un fariseo. Jesús no se muestra como juez severo de esos pecadores. Y afirma que Él vino a llamar a los pecadores (Mc 2:17).

La opción por los pobres es signo mesiánico y condición de ingreso al Reino. Incluye simultáneamente varias opciones:

38. Carlos Mesters, *Caminhamos na estrada de Jesús*, São Paulo 1996, p. 109.

39. Él recibe como hermanos y hermanas a todos aquellos a quienes la religión y el gobierno desprecian y excluyen: mujeres, niños y enfermos (Mc 1:32; Mt 8:17; 19:13-15; Lc 8:2); prostitutas y pecadores (Mt 21:31-32; Lc 7:37-50; Jn 8:2-11); paganos y samaritanos (Lc 7:2-10; 17:16; Mc 7:24-30); leprosos y poseídos de demonios (Mt 8:2-4; Lc 11:14-22; 17:12-14; Mc 1:23-26); publicanos y soldados (Lc 18:9-14; 19:1-10); el pueblo de la tierra sin poder (Mt 5:3; 11:25-26; Lc 6:20, 24).

- la de luchar contra el hecho sociológico innegable de la pobreza, que se debe erradicar por fidelidad al Evangelio, y luchar contra el pecado sea de los pobres o de los ricos;
- la de tener ante Dios una actitud de obediencia y disponibilidad; ante los hermanos y hermanas, de solidaridad y servicio; ante las cosas, de libertad en su uso;
- la de asumir el ideal evangélico trazado por la misma praxis de Jesús.

"No es motivo de prestigio para la Iglesia el estar de buenas con los poderosos. El prestigio de la Iglesia está más bien en hacer que los pobres la tengan como suya. La Iglesia vive llamando a todos, también a los ricos, a convertirse y a salvarse desde el mundo de los pobres, porque ellos son únicamente los bienaventurados[40]. La opción por los pobres es cuestión de una causa, no de un programa pastoral o social.

Jesús propone el Reino para todos, sin exclusión. Pero lo anuncia a partir de los excluidos, como:

- las mujeres, los niños y los enfermos: Mc 1:32; Mt 8:17; 19: 13-15; Lc 8:2;
- las prostitutas y pecadores: Mt 21:31-32; Lc 7:37-50; Jn 8:2-11;
- los paganos y los samaritanos: Lc 7:2-10; 17:16; Mc 7:24-30; Jn 4:7-42;
- los leprosos y los posesos: Mt 8:2-4; Lc 17:12-14; 11:14-22; Mc 1:25-26;
- los publicanos y los soldados: Lc 18:9-14; 17:1-10;
- los pobres, los sin poder: Mt 5:3; Lc 6:20-24; Mt 11:25-26.

En el relato de las tentaciones de Jesús hay un elemento común. Todas ofrecen a Jesús medios grandiosos e impresionantes que le ayudarían a hacer su ministerio popular, lleno de prestigio social, eficaz y

40. Mons. Oscar Romero, *Homilía*, 17 de febrero de 1980.

poderoso. Pero Jesús opta por los medios pobres. Él fue a Nazaret un sábado cualquiera del año para allí hacer el más importante anuncio de la historia a una asamblea sencilla, tomando como punto de partida la Palabra que le fue ofrecida como a un visitante cualquiera.

Con su modo de actuar, Jesús se enfrenta con la sabiduría, con el sistema religioso, con la ideología oficial. Según las reglas religiosas de entonces, actuando como lo hizo, Jesús se contaminó de pecado y se condenó a sí mismo. Con el ejemplo de su vida, Jesús nos enseña que el Reino de Dios se planta, nace y crece en medio de conflictos. No a pesar de ellos sino a través de ellos.

## EL PREDICADOR CUARESMAL

*Coincidieron la llegada del nuevo párroco y el inicio de la Cuaresma. El nuevo párroco quiso valerse de la oportunidad del tiempo litúrgico para iniciar una catequesis completa sobre el Reino de Dios en las homilías dominicales.*

*El primer domingo comenzó con ánimo y precisión teológica: "Estimados parroquianos, quiero iniciar nuestro contacto pastoral con el anuncio de lo que es central en nuestra fe. Dios es Abba...". Mientras el sacerdote desarrollaba su magnífica exposición, el pueblo le miraba con entusiasmo y orgullo, confirmando con la cabeza palabra por palabra todo lo que decía el cura.*

*Cuando terminó la celebración y mientras se quitaba los ornamentos en la sacristía, varias personas vinieron a felicitarle por la linda predicación. Le dijeron cosas como: "Un sacerdote como usted era exactamente lo que estábamos necesitando", "Hace años que no se predicaba el Evangelio puro en esta comunidad" y "Mucho nos alegramos de tener un verdadero pastor espiritual, que trata de las cosas religiosas y no se mete en política ni usa el púlpito para hacer predicaciones populistas". Y cosas por el estilo. Durante aquella semana llegaron a la casa parroquial muchos regalitos (dulces, etc.), como señal de aprecio porque su línea pastoral despertaba entusiasmo.*

*El domingo siguiente, segundo de Cuaresma, el párroco predicó de nuevo. "Como les había anunciado el pasado domingo, Dios es nuestro Abba. Vamos hoy a presentar la segunda parte de esta dimensión, que es consecuencia de la anterior: todos los hombres y mujeres somos hermanos y hermanas, independientemente de la cultura, raza, color, nivel social, educación, filiación política, etc. Cualquier diferencia que coloque a los demás por debajo o encima de nosotros, todo lo que segrega o separa, se sitúa contra la propuesta de Jesús, ofende a Dios, es pecado. En esta parroquia vamos a tratar con igual dignidad a los negros, a los indígenas, a las prostitutas y a los enfermos de sida. Por eso, en el consejo parroquial tendremos representantes de todas las profesiones, niveles sociales y culturas.*

*Un aire helado cruzó por la asamblea. Primero se sintieron sorprendidos y luego simplemente decepcionados. Muchos pensaban: "Esa nivelación es demagogia barata. Imagínese, la joven virtuosa y la prostituta infecta, las personas sanas y los que tienen sida. ¿Cómo van a ser todos iguales? ¿Estará el padre diciendo seriamente todo eso? ¿Cómo es que ha cambiado tanto en sólo una semana? ¡Habrá que suponer que lo que dijo el domingo pasado era sólo para engañarnos!".*

*Después de la misa, algunos comentaban: "Nos dimos demasiada prisa al felicitar al nuevo párroco". Algunos fueron a la sacristía y allí las voces subieron de tono. Uno alzó la voz y dijo: "Padre, usted nos está colocando a todos al mismo nivel. ¿Sabe usted con quien está hablando? Nosotros somos de las familias más respetables de la región. Somos los que hemos ayudado a construir y a mantener esta parroquia". Otro le dijo: "Usted acaba de lanzar un germen de revuelta social, justamente cuando lo que más necesita nuestro país es disciplina y orden. Y eso es lo que tiene que hacer la religión, respaldar el orden social". Aquella semana no llegó a la casa del sacerdote ningún regalito culinario.*

*Recibió algunas llamadas telefónicas pero fueron más para insinuarle y convencerle de que cambiase su estilo que para felicitarle. Lo cierto es que los pobres no tenían teléfono y por eso no le pudieron expresar su apoyo.*

*Llegó el tercer domingo de Cuaresma. La misma iglesia, el mismo padre, pero no la misma asamblea. Muchos de los que habían venido a escucharle los domingos anteriores no volvieron. Sin embargo, se veían caras nuevas. Por primera vez, pobres y jóvenes llenaron las primeras filas de bancos.*

*"Como les había dicho, comenzó la homilía el párroco, somos hijos e hijas del mismo Abba, Dios. Hermanos y hermanas. Iguales en dignidad. Si Dios creó todas las cosas y somos, sin excepción, sus hijos e hijas, miembros de la única gran familia y herederos de la creación, entonces eso significa que los bienes materiales, por voluntad del propio Dios, deben estar al servicio de..."*

*No pudo seguir. Los del fondo de la iglesia empezaron a gritar "¡Subversivo!", "¡Agitador!", "¡Comunista!", interrumpiendo la homilía. No pudo terminar.*

*Aquella misma semana el Obispo recibió abundantes llamadas telefónicas y cartas. Todas ponían muy en claro los desvíos doctrinales, pastorales y espirituales del nuevo párroco.*

*Su nombre entró, además, en la lista de sospechosos de la Policía de Seguridad.*

## 5. Las dimensiones del Reino de Dios

El centro del mensaje evangélico es el Reino que trasciende los límites visibles de la Iglesia y del mundo. El Reino de Dios incluye cuatro dimensiones, las cuatro armónicamente integradas:

- Personal: Exigencia de conversión y estímulo para un constante desarrollo humano y cristiano.
- Social: responsabilidad de hacer una historia en común, de acuerdo con los valores del Reino anunciado por Jesús.

- Eclesial: la experiencia de Iglesia en todas sus dimensiones debe ser fermento del Reino y su fruto.
- Escatológica: es la sorpresa de la presencia gratuita del Dios que supera las más optimistas esperanzas.

### 5.1. Dimensión personal

Las historias que vienen a continuación subrayan las siguientes ideas: el primer mensaje es lo que uno es (*No era tanto lo que ella decía*); no hay que desanimarse por las incapacidades, fallos y limitaciones (*No concluyó su trabajo conmigo*); la perspectiva de una vida evangélica tiene sus exigencias (*La palabra de Cantinflas*); a menudo la sociedad no entiende ni acepta la propuesta de Jesús y sus compromisos, que son vistos como locura (*Cargando piedras*) y son motivo de risa (*El jabón*). Pero también muchos se hacen preguntas al ver a los cristianos (*La piedra en la corriente*). Todo ello es muy parecido a lo que ya Pablo denunciaba en la comunidad de Corinto (1Cor 1:22-25). La fe transforma las personas desde dentro (*¿Cuál es su secreto?*), para ello Dios y la misma persona tienen que trabajar constantemente (*Surf a vela*).

## NO ERA TANTO LO QUE ELLA DECÍA

*En un encuentro internacional sobre la pobreza en el mundo un reportero europeo comentaba cómo se había sentido el día que había tenido la oportunidad de estar con la Madre Teresa de Calcuta: "Cuando ella tomó la palabra, cada uno de los presentes, cada rostro, estaba pendiente de sus palabras. Lo importante no era tanto lo que ella decía sino el hecho de que era ella la que hablada".*

El Reino pide la conversión. Pide un cambio de manera de ser, pensar y actuar. El Reino supone la adhesión personal a Jesús y a todo lo que enseñó. Incluye la práctica de los mandamientos, de las virtudes, de las bienaventuranzas. Todo ello es fruto de la acción gratuita de Dios y de la colaboración de cada uno.

## TODAVÍA NO CONCLUYÓ SU TRABAJO CONMIGO

*Después de una seria revisión de vida, en la cual se le dijeron a Mauro sus defectos y errores, alguien le preguntó: "¿No te sientes desanimado por tus fallas y limitaciones personales?". Mauro respondió: "No voy a desanimarme porque Dios nunca se desanima conmigo. Además, Dios todavía no concluyó su trabajo conmigo". Como decía un amigo: "Ya sé que con mis limitaciones nunca voy a hacer grandes cosas. Sólo voy a intentar pequeñas cosas pero de un modo grande, digno y profundo".*

Todos tenemos muchas limitaciones. Pero también cada persona tiene su talento. Nadie es totalmente sabio ni nadie completamente ignorante. Cada uno tiene una perspectiva diferente de acuerdo con su experiencia y dones preciosos que puede aportar a la comunidad. Nadie lo puede sustituir en eso.

A este propósito, una mujer de Argentina solía repetir la siguiente frase: "Somos lo que somos por lo que hemos venido siendo y por lo que queremos ser". El pasado no puede ser deshecho. Olvidarse de él o negarlo no lo cambia. Sin embargo, el perdón puede privar al pasado de su poder de dominar no sólo el presente sino también el futuro. A veces se vive con la ilusión de que el pasado quedará olvidado solamente con seguir adelante. Eso no sucede nunca. Cuando el pasado es simplemente dejado atrás, tiene capacidad para volver y dominar y controlar el presente.

## LA PALABRA DE CANTINFLAS

*El famoso artista mexicano Mario Moreno "Cantinflas" recibió un día a un grupo de obispos, que le iban a dar las gracias por su famosa película "El Padrecito". Una vez que terminaron con todos los saludos y protocolos, los obispos le pidieron que les dijese una palabra para ellos. Cantinflas dijo una sola frase: "Señores obispos, ¡sean lo que son!".*

## CARGANDO PIEDRAS

*Cuenta una leyenda oriental que una vez cuando unos peregrinos atravesaban un río, el guía les pidió que recogieran algunas piedras del fondo. Algunos no obedecieron. Otros agarraron unas pocas piedras. Hubo alguno que se cargó con una bien grande. Continuaron su viaje. Bajo el sol, caminando con el calor del día, las piedras empezaron a incomodar a los peregrinos. Los que no habían recogido ninguna se burlaban de los demás. Por eso, algunos tiraron sus piedras a la vera del camino. Con el pasar de los días, los peregrinos terminaron sus reservas de alimentos y agua. Nada se podía encontrar a lo largo del camino. Ni fuentes, ni frutos, ni raíces. Nada. Entonces, se dieron cuenta que las piedras se les habían transformado en frutas jugosas que eran a la vez alimento y bebida.*

*Ese fue el momento en que algunos quisieron volver a buscar las piedras que habían dejado atrás después de haberlas transportado por algunos días. También sucedió que los que habían encontrado sus piedras transformadas en frutas quisieron compartir con los que habían tirado sus piedras, pero en las manos de los perezosos las frutas volvían a convertirse en piedras.*

Agarrar las piedras significa asumir la conversión personal y esforzarse por formar un nuevo modelo de Iglesia. Hay momentos en que ese proceso es laborioso y se hace difícil para la persona mantenerse en su compromiso. Sin embargo, con un poco de paciencia, el nuevo modelo da frutos preciosos a los que perseveran.

## EL JABÓN

*Alguien preguntaba: 'Me enseñaron que la religión da paz, hace a las personas honestas y crea unidad. Pero miren lo que vemos... Los creyentes, las personas que están allá en los bancos de la iglesia, son todo lo contrario de eso. ¿De qué sirve entonces la religión?".*

*Lidia, la lavandera, le mostró un jabón y le dijo: "En su casa hay mucha ropa sucia todos los días. Sin embargo, su señora está siempre comprando jabón. ¿Cómo es eso?". "No seas tonta, mujer, respondió, ese jabón lo usamos para lavar todos los días la ropa y dejarla limpia de nuevo". Entonces, Lidia respondió: "Así es, señor. La religión es como el jabón, que es bueno y limpio. La ropa sucia somos nosotros. Quien 'usa' la religión se limpia".*

Se puede disponer de los mejores medios y seguir sucio, si no se usan. La conversión de un modelo eclesial a otro no acontece por arte de magia ni como consecuencia de un decreto de la autoridad. Supone un largo trabajo. Exige mucho de las personas. El que la ropa haya sido lavada muchas veces no significa que no se vuelva a ensuciar. Precisamente por estar en uso, la ropa se desgasta y se mancha. De nada vale tener la ropa limpia guardada para siempre. Lo importante es que lo sucio se lave y lo limpio se use.

## LA PIEDRA EN LA CORRIENTE

*Decía un sabio oriental: "Estuve sentado a la orilla de un río. Saqué del agua una pequeña piedra. Era redonda y dura. Conseguí romperla en pedazos. El interior estaba completamente seco. Esa piedra llevaba mucho tiempo sumergida en el agua. Pero el agua no había penetrado en ella. Lo mismo sucede con las personas del Occidente. Hace muchos siglos que están rodeadas de cristianismo, sumergidas totalmente en sus bendiciones. Viven en el cristianismo, pero el cristianismo no las penetró. La culpa no la tiene el cristianismo sino la dureza de su corazón. Tienen el corazón embrutecido por el materialismo y el egoísmo".*

## ¿CUÁL ES SU SECRETO?

*Eran dos religiosas. Se notaba aunque no usaban el tradicional hábito. Venían de pasar unos días de retiro y habían parado en aquel restaurante de carretera para comer algo. Conversaban las dos muy animada y relajadamente, cuando un señor se acercó a ellas y les dijo: "Ustedes parecen diferentes. Toda mi vida he estado buscando la paz y alegría que ustedes parecen tener. ¿Cuál es su secreto?".*

La gratuidad de Dios pide una respuesta de confianza radical. Sin ella no hay compromiso personal con el proyecto del Reino. La parábola siguiente habla de esa actitud que puede llevar a tomar decisiones radicales en la vida de una persona.

## CORTA LA CUERDA

*Cuentan que un alpinista, desesperado por conquistar la cumbre del Aconcagua, inició la escalada. A pesar de que había estado años preparándose, cometió el error de iniciar su escalada en solitario. Quería la gloria para él sólo.*

*Empezó a subir y se le fue haciendo tarde. Siguió caminando y se hizo más tarde. Pero no se decidió a acampar, sino que decidió seguir subiendo pensando sólo en llegar a la cima. Se le hizo de noche. En unos pocos minutos, la oscuridad era tal que no se podía ver absolutamente nada. No había luna y las estrellas estaban cubiertas por una densa capa de nubes.*

*Cuando estaba subiendo una pared prácticamente vertical, apenas a cien metros de la cima, nuestro alpinista resbaló y empezó a caer a una velocidad vertiginosa. Mientras caía, no podía ver nada y sólo tenía la terrible sensación de ser succionado por la gravedad. Pensaba ya que iba a morir, cuando, repentinamente, sintió un fuerte tirón que casi lo partió en dos. Había olvidado que, como alpinista experimentado que era, había ido clavando estacas de seguridad en la pared de la montaña y a ellas había atado el cabo de la cuerda que terminaba en su cintura.*

*En aquel momento, suspendido en mitad de lo que le parecía la nada, le salió del corazón un grito: ¡Ayúdame, Dios mío, ayúdame!". Una voz grave y profunda de los cielos le contesto: "¿Qué quieres que haga?". "¡Sálvame, Dios mío!". "¿Realmente crees que te puedo salvar?". "Por supuesto, Dios mío". La respuesta fue contundente: "Entonces, corta la cuerda que te sostiene". Hubo un momento de silencio. Luego, el alpinista se aferró más a la cuerda. Los del equipo de rescate lo encontraron muerto por congelación. Estaba agarrado con pies y manos a una cuerda... a pocos centímetros del suelo.*

## SURF A VELA

*Los hay que se lanzan al agua y tratan de flotar y avanzar a puro esfuerzo de brazos y piernas. Pueden aguantar un tiempo, pero generalmente no llegan muy lejos. Esa actitud simboliza a los que en la vida espiritual quieren apoyarse únicamente en sus esfuerzos de pura voluntad y generosidad. Es como querer andar sobre las aguas sin vela y sin viento.*

*La otra posibilidad es la simbolizada por el surf a vela. Los que practican ese deporte usan una plancha, pequeña pero suficiente para soportar el peso de una persona sobre el agua.*

Con una vela son capaces de usar la fuerza del viento, de modo que pueden recorrer kilómetros sólo dejándose llevar, deslizándose sobre las aguas rápidamente y sin un especial cansancio. Solamente hay que esforzarse para agarrarse al mástil de la vela, para mantenerla abierta al viento y dejarse conducir por el Espíritu.

## 5.2. Dimensión social

Lo individual tiene siempre consecuencias para la sociedad. Pero lo social influye también en cada una de las personas. Esto es lo que explica la siguiente historia.

## TODA PERSONA JUSTA Y VALIENTE ES UNA BUENA NOTICIA PARA EL MUNDO

*Los periodistas preguntaron a Boris Yeltsin qué fue lo que le dio ánimo para permanecer firme en la lucha contra el comunismo en la antigua Unión Soviética. Yeltsin respondió: "Se lo debo a un electricista de Polonia llamado Lech Walesa. Él empezó la lucha para superar el comunismo".*

*Cuando preguntaron a Lech Walesa quien le había inspirado en su lucha, dijo que había sido el movimiento por los derechos civiles de los negros en Estados Unidos que había comenzado y dirigido el pastor protestante Martin Luther King Jr.*

*En una entrevista, Martín Luther King Jr. afirmó que su fuerza de inspiración estuvo en el valor de una sencilla mujer de raza negra, Rosa Parks, que simplemente se negó a sentarse en los asientos de la parte de atrás del autobús, que era la zona destinada a los negros.*

Las realidades sociales consolidan el pecado o la virtud de los actos personales. Como decía un político cristiano: "Vivo luchando para que el ambiente que tengo que frecuentar como político y las realidades con las que tengo que trabajar no me cambien a mí. Como cristiano, me toca cambiarlas a ellas. Pero ese trabajo nadie lo puede hacer solo. El proceso de cambiar las estructuras no es lugar para francotiradores".

Las estructuras condicionan de tal modo a las personas que, dependiendo de si son negativas o positivas, pueden multiplicar el pecado o los valores. Actúan sobre el conjunto de la sociedad y, por tanto, sobre cada persona en particular.

Por eso, la caridad personal no elimina la responsabilidad social (*No vine a pedir su dinero*), ni es excusa que sirva para anestesiar la conciencia ante una injusticia colectiva (*Nuestra organización no lo permite*). No hay pecado totalmente individual, ni gracia que no se relacione, de algún modo, con el bien de todos. Todos somos corresponsables del futuro y del presente (*Nuestros mártires prolongan la vida*).

## NO VINE A PEDIR SU DINERO

*Marcos, un líder en el medio oeste de los Estados Unidos, fue a Boston en busca de ayuda para la causa de los trabajadores rurales. Allí quiso que su primer encuentro fuese con el cardenal Cushing, famoso por su generosidad y por su influencia en los medios de opinión pública del país. El cardenal lo recibió. Marcos le habló de la situación de los campesinos. El cardenal se conmovió y, sacando su chequera, comenzó a preparar un cheque para darle una ayuda económica. Entonces Marcos dijo: "No. Usted no me entendió. No vine a pedir su dinero sino su comprensión para nuestra causa".*

## NUESTRA ORGANIZACIÓN NO LO PERMITE

*Eduardo es director de una empresa. Tiene un gran corazón, sobre todo cuando se trata de las necesidades de los pobres. En una ocasión llegó a dar su propio reloj para ayudar a uno de sus obreros. En su carro ya llevó al hospital a más de un empleado enfermo o accidentado.*

*Sin embargo, para hacer frente a la crisis económica en que el país está envuelto, su empresa está despidiendo obreros. El fantasma del hambre está empezando a amenazar a centenares de familias. Uno de los empleados se atreve por fin a preguntarle: "Por qué, en vez de socorrer personalmente a los empleados, no les da un salario mejor de forma que ellos mismos se pueden cuidar? ¿Por qué, en vez de tan-*

*tos actos de caridad a título personal, no evita despedir a los obreros, aunque de esa manera la empresa tuviera menos beneficio?". La respuesta es clara: "Eso no lo puedo hacer. El consejo de dirección toma las decisiones para el bien de la empresa. Pagamos poco y despedimos algunos obreros porque es el único medio de hacer frente a la competencia y sobrevivir como empresa. Eso redunda en bien de todos los obreros. Para ellos es mejor ganar poco pero seguro, que perder el empleo, si la fábrica fuera a la bancarrota. Y si no hay lucro, la empresa no se puede mantener: Una empresa no es una organización de caridad del tipo de las Conferencias de San Vicente de Paúl".*

## UN ÚNICO VOTO

*Un único voto dio a Cromwell, en 1645, el control de Inglaterra. También en Inglaterra un solo voto, en 1649, decidió la ejecución del rey Carlos I. Un voto dio a América el inglés como lengua, en lugar del alemán, en 1776, cuando se estaba decidiendo el futuro de la colonia. En 1923 un solo voto permitió que Adolf Hitler se convirtiera en el líder del partido nazista*[41].

Las decisiones individuales pesan sobre el conjunto de la sociedad a veces de manera espectacular. Otras veces esa influencia tiene lugar de una manera más discreta pero siempre real.

## RON Y AGUA

*Uno de los mejores productos de aquella región era el ron. Alcanzaba un buen precio en el mercado. Desde hacía mucho tiempo era tradicional que durante la fiesta del santo patrón, cada familia aportase medio litro de ron. Cada familia*

41. *Reader's Digest*. Edición inglesa, mayo 1991.

*debía procurar verter su medio litro de un modo discreto en un gran tonel colocado en la esquina más oscura de la sacristía. Cuando el último día de la fiesta se abrió el gran tonel para sacar lo que se había recogido, se produjo un gran escándalo. Había mas agua que ron. Muchos, valiéndose del anonimato, habían vertido en el tonel medio litro, pero no de ron sino de agua. Cada uno pensó que siendo el único que lo hacía, no se notaría en el conjunto.*

La parábola demuestra claramente que no hay pecado totalmente individual, ni gracia que no se relacione con el bien de todos.

## NUESTROS MÁRTIRES PROLONGAN LA VIDA

*Nuestros mártires son los que se niegan a un presente de muerte y dan la vida por un futuro mejor; donde haya más vida para todos. No es que a ellos les guste morir. No son suicidas. No son seres-para-la-muerte, sino personas normales que se sienten llamadas a morir-a fin-de-generar vida. Por eso, nuestra relación con los mártires no puede consistir sólo en venerarlos o rendir devoción a sus reliquias y fotos. Se trata más bien de:*

- afirmar su causa;
- asumir en nuestra propia vida su actitud de testimonio coherente y radical,
- hacer fructificar su sangre en el hoy de nuestra comunidad y sociedad, y
- dar razón histórica y escatológica de su esperanza (ellos no han esperado en vano ni han muerto inútilmente).

Nuestro Dios es Dios de la vida y Señor de la historia (Gén 2:9; 2 Mac 14:46; Mt 4:17; Rom 1:6). Interviene siempre que la vida, su creación, está amenazada o es negada (Gén 21:16; Ex 20:13; Lv 24:17; Rom 13:9). Jesús dejó claro que vino para que tengamos vida y la tengamos en abundancia (Jn 10:10).

Dos frases de dos grandes creyentes nos pueden ayudar a entender esta idea:

- "Cristo no pertenece al cristianismo sino al mundo entero" (Gandhi).
- "Donde está el reino, ahí está la Iglesia" (P. Ricardo Lombardi, SJ[42]).

## 5.3. Dimensión eclesial y ecuménica

Jesús colocó el Reino de Dios como el horizonte y contexto en el que se desarrolla la vida humana y la historia toda. Ante el Reino, la humanidad se sitúa frente a una invitación fundamental: convertirse en el nuevo Pueblo de Dios. La Iglesia es germen y principio de ese Reino (*Lumen Gentium*, 5).

## EL ALFABETO DE LAS ESTRELLAS

*En el Sínodo de las Américas, celebrado en Roma del 16 de noviembre al 12 de diciembre de 1997, Monseñor Toribio Ticona, obispo de Corocoro (Bolivia) afirmó lo siguiente: "La experiencia me ha enseñado que Dios es el catequista del mundo y que llega a todos los hijos e hijas que Él ha creado. De ellos no se puede olvidar. Les enseña su catecismo, aunque vivan en una tierra lejana donde jamás haya pisado un misionero. Dios catequiza misteriosamente a través del alfabeto de las estrellas, de la belleza de la creación y de los descubrimientos que la humanidad realiza"*[43].

---

42. Edición conmemorativa de la vida del P. Ricardo Lombardi, artículo del P. Virginio Rotondi, Centro Mondo Migliore, Rocca di Papa (Italia).

43. XVI Congregación General (27 de noviembre de 1997).

El Reino no es monopolio de la Iglesia Católica. Tiene una dimensión ecuménica. Es inclusivo, es decir, que incluye a todos aquellos que son fieles a su conciencia y dóciles a la acción del Espíritu que llega a todo lo creado y a cada uno de los seres humanos.

## TIMÓN DE NAVEGACIÓN

*En la cola del avión está el "navigator rudder", o sea, el timón. Sus pequeños movimientos determinan el rumbo que la nave tomará, si baja o sube, si gira hacia la derecha o a la izquierda.*

La pequeña Iglesia, entendida como el nivel en que el pueblo de Dios se congrega como comunidad y actúa en la vida, debe marcar por donde va el conjunto de la comunidad de los creyentes.

La comunidad eclesial, como pequeña Iglesia, es la comunidad de los amigos de Jesús, de los que han sido escogidos por Él. Son los que hacen una radical opción de fe por Jesús. Quieren seguir sus criterios, su estilo de vida, su proyecto.

Es una comunidad históricamente ligada a los apóstoles, aquellos a los que Él escogió y envió. La Iglesia continúa la misión de Jesús, pero haciendo siempre según sus posibilidades y su estilo. La misión salvadora de Jesús es don que se recibe gratuitamente (estructura de gracia) y, a la vez, resultado del esfuerzo personal. Es conquista que exige una liberación y un compromiso. La comunidad eclesial que vive de esa manera se convierte en anuncio, denuncia y convocación para el mundo.

a) Anuncio

La comunidad de Jesús es anuncio del Reino a través de lo que es y hace. A través de lo que enseña y reza. De esa manera proclama la irrupción del Reino de Jesús en nuestro mundo. Lo hace presente al mundo y lo ofrece para el bien de todos[44]. Demuestra con su vida que todo lo dicho por Jesús es posible. Vive al ritmo del Reino. Es

44. *Evangelii Nuntiandi*, 8, 9, 26, 27 y *Documento de Puebla*, 226-231.

su comienzo, aunque no todavía su plenitud[45]. El Reino es un hecho esencialmente comunitario, no subjetivo ni individualista.

## LA RAMA Y LA FOGATA

*Los miembros de la CEB se habían reunido en torno a una fogata. Iban comentando su experiencia de vida. Andrés dijo: "Yo no me meto en la vida de nadie. Rezo solo. Trabajo solo. Me resulta mejor y así no tengo problemas con nadie. Estoy bien". Sin embargo, Juan dijo: "Yo pienso diferente. Para mí, la vida es un poco como los leños de este fuego". Entonces, se acercó al fuego. Tomó un madero que todavía estaba ardiendo y lo separó del conjunto del fuego. En poco tiempo se apagó.*

b) Denuncia

Desde el proyecto del Reino y la causa de los pobres, la comunidad eclesial examina críticamente la realidad (cf. Documento de Puebla, 535) y, siguiendo la tradición de los profetas, denuncia:

- los ídolos, que son todo lo relativo que se hace absoluto y toma el lugar del Dios de Jesucristo;
- las injusticias, porque todo lo que afecta negativamente a la persona humana, afecta también a Dios:
- los líderes irresponsables.

En la historia del pueblo de Dios, los profetas descubrían esos líderes irresponsables en el poder político y económico (los reyes y su corte), el poder religioso (los sacerdotes y responsables del culto) y el poder popular-carismático que a veces da lugar a los falsos profetas.

c) Convoca y actúa

Para encarnarse en el pueblo, la Iglesia tiene que cambiar de lugar social. Desde allí debe dialogar para descubrir las necesidades

45. *Evangelii Nuntiandi*, 8: *Lumen Gentium*, 5, 9.

y aspiraciones profundas de la humanidad. Pero la Iglesia también inspira, sensibiliza, anima. Da sentido último a la realidad histórica y ofrece criterios para discernir la situación actual. Revela posibilidades y nuevas tendencias en la historia humana. Anuncia la misión del pueblo. Apoya y asesora los procesos de las personas y comunidades. Conciencia, moviliza y toma la causa del pobre. Favorece la revisión del camino tomado para verificar si es el adecuado. Celebra y proyecta la esperanza del futuro en el presente. Recoge y potencia todo lo que es expresión de los valores del Reino[46].

## HASTA JESÚS LAS APLAUDIRÍA

*Después de participar en la celebración del Séptimo Encuentro Inter-eclesial de las Comunidades Eclesiales de Base (CEBs) en Brasil, un obrero dijo: "Contemplando como andan las CEBs, hasta Jesús las aplaudiría".*

Cada comunidad eclesial es una epifanía o manifestación de la Iglesia en la realidad contemporánea. Recoge lo más antiguo y mejor de la tradición eclesial y, al mismo tiempo, es hoy una referencia clave y peligrosa, pues cuanto más cerca sentimos la experiencia de Jesús, se nos hace más "incómoda" su presencia.

La mayoría de las comunidades eclesiales han nacido y se han desarrollado desde la religiosidad del pueblo. La experiencia de cada día, con su urgencia y exigencia, facilita el encuentro entre las personas para hacer frente a las necesidades comunes. En ese contexto, la referencia a Dios se hace automática e imprescindible. Por eso los

46. Desde el fondo del misterio trinitario, la misión del Hijo y la misión del Espíritu desencadenan la misión de la Iglesia, enviada a anunciar la Buena Nueva del Reino. Esta misión se realiza a través de la Profecía, en el anuncio y en la denuncia; a través del Servicio, en la práctica del amor y la lucha por la justicia y a través de la Santificación, en la celebración sacramental de los acontecimientos salvíficos. La misión de la Iglesia, enraizada en las misiones trinitarias, tiene como referencia permanente la comunión. Jesús la define como el Reino de Dios. Esa comunión se presenta como proyecto (como utopía, que viene a ser el horizonte último, ideal inspirador) y como proceso o pedagogía. Es decir, hay que vivirlo aunque sea de manera provisional y progresiva en la comunidad eclesial. Ella proclama y establece el Reino: por el testimonio (Evangelii nuntiandi, 21.41.76), por presencia, participación y solidaridad; por la palabra (Evangelii nuntiandi, 11.22.42.99); por la acción (Evangelii nuntiandi, 45.55); y por los sacramentos.

miembros de las comunidades responden de forma espontánea a todo lo que es invitación para rezar, celebrar y tratar con Dios. Además, la posibilidad de conocer mejor la Palabra de Dios y el proyecto liberador de Jesús acrecienta la confianza de las personas y no las permite acomodarse.

Los compromisos de acción pública van poniendo a los miembros de la comunidad en contacto con otras personas, incluso no cristianos o no creyentes, que se unen para buscar soluciones a la problemática común.

## CALMAR A LOS APÓSTOLES

*El Evangelio cuenta como Jesús se paró en la barca y calmó la tempestad. En la historia de la Iglesia el milagro se repite. Jesús dormido, se despierta, levanta, calma la tempestad y serena a los apóstoles que estaban desesperados. "En los últimos años, decía un joven, quien anda preocupado es Jesús, y quizás un poco dormidos, los apóstoles. Hay que preocuparlos. Mientras los pastores cuidan mucho de algunas ovejas, los ladrones se están llevando gran parte del rebaño.*

La comunidad eclesial tiene una especial relación con la Biblia. En efecto, el pueblo de Dios se congrega ante todo por la Palabra del Dios vivo. Con ella se inicia y crece la comunidad de los fieles.

La comunidad eclesial procura unir comunidad, Palabra y realidad. Nace como consecuencia de una nueva evangelización que no es masiva sino que se realiza a través de pequeños grupos. La fuerza de las pequeñas comunidades proviene de su apropiación de la Palabra. Los miembros de la comunidad la escuchan y comentan en pequeños grupos. El antiguo ir a misa y escuchar pasivamente desde el banco se cambia por la participación atenta de las personas que preguntan, explican, relatan, atestiguan y relacionan la fe con la vida.

Esta manera de escuchar la Palabra de Dios en comunidad es diferente del aprendizaje doctrinal que se produce a través de cursos sistemáticos. Tiene desde el principio un carácter más evangelizador que catequético. Genera un dinamismo creador de actitudes en las personas y de nuevas actividades en la comunidad. Facilita la lectura e interpretación de los signos de la presencia o del rechazo de Dios en la vida de la comunidad local y de la sociedad.

En muchos casos los grupos bíblicos han sido el comienzo embrionario de las comunidades eclesiales. Reuniéndose en torno a la Palabra, leyéndola, meditándola, profundizando en ella, arranca un proceso que ilumina y aclara los pasos hacia la formación de la comunidad. Por eso, la Biblia es el libro por excelencia de la comunidad. A través de su texto, todos se sumergen en Dios y en la realidad y descubren cuál es la voluntad del Señor y los compromisos que la comunidad y las personas deben asumir para ser luz y sal del mundo. La Biblia abre los ojos del pueblo. En ella Jesucristo se hace realmente presente en la historia actual. Las lecturas bíblicas se relacionan con los hechos de cada día y confrontan la vida de las personas y la comunidad[47].

En esa lectura las personas toman conciencia de la necesidad de cambiar las cosas, de arrancar las raíces que están alimentando el árbol que produce los frutos de la división, la desigualdad y la injusticia. De esa manera, se ve que la causa de los males no es el destino implacable o la mera casualidad, sino el ser humano. Por eso mismo, es posible crear algo nuevo y hacer un mundo más humano.

## UN MINISTERIO MÁS O UNA IGLESIA MINISTERIAL

*Los laicos que se acercaron más a los sacerdotes terminaron trabajando para la parroquia, en sus estructuras: equipo de bautismo, lectores, ministros de la Eucaristía, encargados de las finanzas o del bingo parroquial. La mayoría de esos ministerios y servicios se orientan a evangelizar a los que ya están en la comunidad parroquial y no a los que viven sin contacto con la Iglesia y no vienen a la parroquia. Tenemos*

47. Cf. Máximo José Trevisán, abogado en el sur de Brasil, dirigente de los Cursillos de Cristiandad.

*que preguntarnos si queremos los laicos cristianos para llenar los huecos que se nos van quedando vacíos en la estructura eclesiástica o para manifestar la ministerialidad y el servicio que la Iglesia debe ofrecer al mundo.*

## 5.4. La dimensión sorpresa (1 Cor 2:9)

Escatología es un término que hace referencia al futuro en el que creemos, considerado como profecía en el presente. La comunidad vive ese futuro como una liberación que empieza ya ahora mismo. Por eso el futuro se convierte en punto de referencia de todo lo que la comunidad es y motivo para celebrar hoy gozosamente la fe. El futuro se anuncia como una mesa de familia donde todos podrán compartir en paz y amor, no como un restaurante de comida rápida donde nadie se conoce.

Gracias a nuestra fe sabemos que el camino hacia Dios llega mucho más allá de las fronteras de la muerte. Es que el misterio de Dios actúa en la historia, pero no se agota en ella (1 Cor 13:12).

### OTRA DIMENSIÓN

*"¿Qué va a ser su hijo cuando sea mayor?". "Mi hijo está enfermo de leucemia. Si todo va bien, el próximo domingo iremos juntos al zoológico".*

Los que entran en el ritmo de Dios no niegan las tinieblas. Saben que están ahí, pero escogen no vivir en ellas.

### SILVIO Y LUCÍA

*Los dos vivieron muchos años felices. Eran inmigrantes italianos. Habían llegado a Montevideo (Uruguay) en 1950. En la parroquia de Santa Gema conocimos primero a Silvio y luego por medio suyo a Lucía, su esposa. Lo sorprendente del caso es que hace más de 20 años que ella ha fallecido. Silvio va a visitarla todos los días al cementerio.*

*Cuando Lucía vivía, él acostumbraba a llevarla en su bicicleta. Ahora tiene en su casa, puesta en un lugar preferente, una de las mejores fotos de Lucía. Siempre hay flores frescas adornándola.*

*Hace tiempo que Silvio se compró un espacio al lado de la tumba de la esposa. Quiere reposar con ella para siempre. Además, ha dejado indicado en su testamento que cuando los huesos de puro viejos se hagan polvo, mezclen los restos de los dos. El párroco nos contó que en cada celebración del aniversario de su matrimonio, Silvio aparece en la iglesia con el mismo traje con que llegó de Italia en 1950 juntamente con su querida Lucía.*

*Silvio es un hombre feliz. Su esposa no es una ausencia. La comunión profunda que mantienen los dos va más allá de esta vida. Tienen además, un nuevo encuentro ya marcado. Nada ni nadie los podrá volver a separar.*

El Reino de Dios es, al mismo tiempo, regalo y tarea. No es el mero resultado de los esfuerzos humanos, de sus proyectos y técnicas. Es mucho más que todo eso. Es la victoria final sobre la injusticia, la explotación, el hambre, la pobreza, el odio, la guerra... Es la afirmación de que la última palabra no la tendrán los opresores (*Un paso más y todo es diferente*). El Reino es el cumplimiento de todas las necesidades humanas y el triunfo definitivo del proyecto de la vida sobre el de la muerte.

La escatología nos habla de la liberación de la muerte y la plenitud de la vida. Nos habla de otra realidad diferente porque no todo lo que Dios tiene preparado para sus hijos e hijas ha sido ya manifestado. La escatología nos recuerda que Dios es una sorpresa permanente. Su proyecto desborda toda imaginación (*Tía María*). Es inagotable (*Se acaba la sed*). Ya lo hemos ganado en Jesús (*La Navidad de la familia Silva*). Está ya de algún modo presente en nuestro tiempo (*Semillas de jaboticaba* y *El avión en la pista*).

El Reino lleva consigo una sorpresa tan inmensa y maravillosa, que por ahora no tendríamos condiciones de aguantar ni siquiera su descripción. Pero el Reino es algo seguro y dado para los que permanecen fieles hasta el fin.

La perspectiva del Reino llena de esperanza y fuerza a los fieles, que delante de la muerte se sienten capaces de responder como tantos santos: "Lo peor ya pasó. De ahora en delante todo tiene que ser mejor".

## UN PASO MÁS Y TODO ES DIFERENTE

*Un joven de El Salvador nos decía un día: "Reconstruya con su imaginación los últimos momentos de tantos de nuestros mártires contemporáneos. En su celda sucia y maloliente, donde habían sido humillados de mil maneras, estaban a un paso del esplendor de Dios. Un instante de terror, un dolor indescriptible y todo se cambia en contraste absoluto: alegría total, irreversible, acogida en la familia de Dios. Ya no hay más miedo, dolor, ni inseguridad. Ahora son Benditos, recibiendo lo que la omnipotencia de Dios les preparó desde el comienzo del mundo, desde siempre y para siempre".*

Ya en el siglo IV, san Clemente de Alejandría decía que "para quien tiene fe, la vida plena será un día de fiesta que no conocerá ocaso"[48].

## TÍA MARÍA

*La tía María era ya muy anciana. Su vida había sido sencilla y metódica, cuidando siempre de la casa, de la hija, de los nietos y bisnietos que habían ido llegando. Siempre que iba a verla, encontraba una excusa para llamarme aparte y hablarme de su vida. Terminaba siempre con el mismo desahogo: "Tengo miedo a morirme. El tiempo está pasando". "Quédese en paz, la decía, lo peor ya pasó. Ahora usted se acerca a lo mejor. Dios tiene grandes alegrías preparadas*

---

48. *Stromates*, VII 47.3.

*todavía para usted. Lo que es bueno de verdad está todavía por llegar".*

*La tía María volvía a la carga: "Pero yo quisiera saber cómo será todo. Usted que es cura, ¿no me lo puede contar?". "No, tía. Primero porque no lo sé. Segundo, porque no soy un aguafiestas. Dios reservó para sí esa revelación. Quiere darse el gusto de introducirla en todas esas nuevas realidades. Es como quien ama mucho a un amigo y tiene para él un regalo maravilloso que le quiere dar personalmente, para ver cómo se va a regocijar con lo recibido. Eso es lo que Dios va a hacer con usted. Usted y Él se van a alegrar juntos. Por otra parte, tía, y como amigo suyo, le digo, mejor no saberlo porque sería una alegría tan grande, que su corazón no la aguantaría. Cuando uno está muy contento le vienen ganas de saltar, de salir de sí. La alegría de la sorpresa que Dios nos tiene preparada será tan inmensa que uno necesitará salir del cuerpo para recibirla. Usted es quien acaba de decirme que no quiere morirse pronto. Mejor dejar de hacer preguntas, ¿no le parece?".*

*Y otra vez volvía a preguntar la tía María: "¿Y cómo sabe usted todo eso?". "Porque en la Biblia se nos dice que el ojo humano nunca vio ni la inteligencia jamás consiguió imaginar lo que Dios tiene preparado para sus elegidos, porque va a ser al estilo y al modo de Dios. ¡Va a ser Él mismo! Lo importante es vivir la vida que Dios le está dando ahora y la que todavía le va a dar. Dios sabe cuál será el mejor momento para llamarla".*

El camino hacia Dios llega mucho más allá de las fronteras de la muerte.

## SE ACABA LA SED, PERO NO LA FUENTE

*Un indígena guatemalteco de la zona del Quiche explicaba cómo había entendido el hecho del Reino de Dios, que no se agota jamás. "En mi pueblo hay una fuente de agua. Todos mis antepasados han bebido de ella. Cuando uno tiene sed, bebe agua de la fuente. Se acaba la sed, pero no se acaba la fuente. Así fue hasta ahora y será también después. ¡Ninguna sed es más grande que nuestra fuente!".*

## LA NAVIDAD DE LA FAMILIA SILVA

*Un padre deseaba comprar un lindo regalo de Navidad para sus hijos. Como tenía recursos y quería lo mejor para ellos, mandó a su hijo mayor a buscar en un lejano país el regalo que había escogido. Así lo hizo el joven. Sólo después de muchos trabajos consiguió hacerse con el regalo elegido y pudo volver con su familia. Era ya tiempo de Navidad y bajo el gran árbol navideño, en una gran caja, dejó el regalo.*

*El papá avisó a los hijos menores: "Miren lo que su hermano mayor conquistó para ustedes arriesgando su vida. Este regalo se va a quedar en la caja hasta el día de Navidad, porque quiero que sea una sorpresa para ustedes".*

*Cada día los hijos miraban aquella caja y, aún sin saber lo que había en ella, se sentían felices. Allá estaba lo que era de ellos. "Sabemos que tiene que ser muy lindo, decían entre ellos. Ni siquiera conseguimos imaginar lo que es. El día de Navidad abriremos lo que ya es nuestro". "¿Qué piensan ustedes que es?", preguntaba la hermanita menor a sus hermanos mayores. "Es una sorpresa, le respondían, nadie puede contárnoslo, porque entonces perderíamos lo más bonito de la sorpresa".*

## LAS SEMILLAS DE JABOTICABA

*La jaboticaba es una fruta muy sabrosa de Brasil. Negra por fuera y blanca por dentro, es muy bella y su perfume es delicioso. Nace directamente del tronco del árbol y de las ramas más gruesas. El árbol es grande y majestuoso, con hojas pequeñas y de un intenso color verde.*

*Cuando fue a un país donde no existía la jaboticaba, un amigo nuestro intentó explicar lo que era; nadie lo entendió. Entonces llevó las semillas para probar lo que decía y se les hizo todavía más difícil de entender. Los que le escuchaban, decían: "¿Cómo puede decir que la fruta tiene buen olor y sabor? Estas semillas son feas, malolientes y amargas". No había ninguna lógica entre la semilla que les estaba enseñando y el árbol y los frutos que se describían.*

El Reino ya comienza a acontecer. Pero eso no quiere decir que vaya a venir como arte de magia. Hay una conexión misteriosa entre el "hoy" y el "siempre". No es el tiempo que se va, sino los momentos que se están llenando, la plenitud que comienza a acontecer.

La gran sorpresa no va a venir de una manera paternalista. Lo que ahora hacemos es como si estuviéramos plantando semillas. Una semilla es, quizás, sucia, pequeña y maloliente, pero el árbol no puede siquiera ser imaginado cuando se mira a la semilla. El árbol es, será, hermoso, enorme, magnífico, perfumado. Las semillas podridas no llegarán a nacer, desaparecerán en la misma tierra.

La buena semilla, aun cuando es plantada en tierra fea, llena de basura, es capaz de generar algo totalmente mejor y diferente de lo que ahora se puede ver.

## EN AVIÓN EN LA PISTA

*La primera vez que Héctor se subió a un avión se sintió realmente mal. Pensó que aquello de entrar en un tubo de aluminio, sentarse en una silla estrecha (Héctor era un poco grueso), amarrarse al asiento y empezar a rodar por la pista con un ruido y unas vibraciones que hacían que todo temblase, era necesariamente cosa de locos. La única libertad que tenía, pensó, era la de irse al baño. "Si estuviera montado en una bicicleta, se dijo para sí, podría gozar mucho más del aire y del aisaje".*

Para llegar hasta el final de la pista, la bicicleta puede ser más adecuada e incluso más práctica. Pero si de lo que se trata es de atravesar el océano, hay que meterse en el avión. No queda otro remedio. Todo lo que se hace en la vida debe ser considerado en relación con la meta última. El tamaño de la pista es el necesario para que el avión pueda despegar.

Entre la pista (línea horizontal) y el despegue del avión (línea vertical ascendente) se forma un ángulo que, a fin de cuentas, es el que marca la diferencia. Ése es el ángulo desde el que un creyente entiende la vida y las realidades del mundo.

Lo escatológico no es lo posterior, lo que viene después del ahora, sino lo definitivo. No está sólo por venir, sino que ya ha comenzado. Está aconteciendo, aunque todavía falte mucho para completarse. Lo escatológico manifiesta de manera eficaz que las promesas del Reino no son sólo deseos o esperanzas vacías, sino que inauguran y crean una nueva historia. Esta perspectiva genera un modo nuevo y diverso de entenderse uno mismo, la historia y las cosas que nos rodean. Supone una visión más profunda y personalizada de Dios, desde la que interpretamos la realidad, la historia y la sociedad. Fuera de esa perspectiva, la escatología es estéril.

## ASPIRINA Y SEMILLA

*Podemos partir una aspirina en trozos y tomar sólo uno de ellos. Pero una semilla no se puede romper y plantar cada uno de los pedacitos. Tonto sería el sembrador que para multiplicar su producción decidiera dividir cada semilla de maíz en cuatro partes.*

Las dimensiones del Reino deben ser tomadas conjuntamente, sin dividirlas en porciones para tomar la que más nos guste.

## FELICIDAD COMUNITARIA

*La felicidad "de" y "con" Dios es comunitaria, plena en todos y en cada uno, en todo tiempo (en el que se pueda hablar de "tiempo"). El hecho de que más personas entren a participar de esa felicidad no quiere decir que los antiguos participantes vayan a tocar a menos.*

*En la parábola de Mateo 20:1-16, el dueño de la viña deseaba que los trabajadores de la primera hora se alegraran con su generosidad para con los últimos llegados. El modo como el dueño de la viña actuó nos hace pensar que él suponía que los que ya estuvieron todo el día con él estarían muy agradecidos por el privilegio de haberse comprometido desde temprano. El hecho de que más personas entrasen a formar parte de la fiesta, no sería una amenaza para nadie ni haría disminuir la música o la alegría. Sería, más bien, motivo de felicidad para todos.*

# ANEXO 1

## APOYO BÍBLICO

**¿Qué es el Reino de Dios?**

Mt 6:10; 8:11; 10,7; 11:11; 25:31-40; Mc 12:32; Lc 1:33; 13:2-30; 22:15-16.

**Características del Reino**

Mt 6:10; 7:21; 23:43; 16:18-19; 19:14; 21:31; 25:31-40; Mc 10,23-24; 12:32-34; Lc 1:33; 8:1; 9:1-6.11.

**Signos del Reino**

Mt 4:23; 8:11; 9:35; 12:28; 24:14; 25:31-40; Mc 9:1-8; Lc 8:1; 9:11; 10,4-9; 11:20; 17:20-21; 21:29-31; 22:23-30.

**Condiciones para pertenecer al Reino**

Mt 4:17; 5:3;10;19-20; 6:33; 7:21; 10:7; 11:12; 13:52; 18:1-5; 23-35; 19:12.14.21-24; 20,21-28; 21:43; 24:13; Mc 1:15; 9:47; 12:32-34; Lc 9:1-6; 9:60-62; 10:4-9; 11:23; 12:29-31; 13:29; 22:28-30; Jn 3:3-5.

**Símbolo, imágenes y comparaciones**

Mt 9:35; 13:1-33, 36-52; 18:1.23-35; 20,1-15; 31:28-31; 22:2-14; Mc 4:26-29; Lc 19:11-27; 21:29-31.

**Implicaciones del Reino**

Mt 10,7; 19:29; Lc 14:15; 18:29; 2:28-30; 23:42.

**Enemigos del Reino**

Mt 5:19; 6:24; 7:1-5; 8:12; 9:3-9; 12:22-28; 15:10-14; 23:1-7.13-34.

**El Antiguo Testamento y el Reino**

Sal. 103:19; 145:11-14; Dan. 2:21.37; 6:26; 7:14.

# ANEXO 2

## SÍNTESIS: EL REINO EN EL NUEVO TESTAMENTO

**Punto de partida:** los pobres, los humildes, los nadie.

**Mediación privilegiada:** la comunidad eclesial.

**Contenido central:** comunión con Dios, con los demás, con el mundo.

**Carta magna:** las bienaventuranzas.

**Proceso:** compartir los bienes, participar, darse.

**Dimensiones:** personal, social, eclesial, de sorpresa.

**Destinatarios:** todos.

Todo lo que sabemos sobre el Reino, lo sabemos por Jesús, por su experiencia y enseñanzas. Podemos entenderlo mejor mirando en conjunto al mensaje de los Evangelios, de los Hechos de los Apóstoles, de las Epístolas, la vida de las generaciones cristianas, y especialmente las enseñanzas de los Padres y Madres de la Iglesia.

### – En el evangelio de Marcos

Este evangelio, escrito en torno al año 64, se dirige a una comunidad que empieza a ser perseguida y cuyos miembros se enfrentan a un posible martirio. El Reino de Dios se presenta básicamente bajo la perspectiva de la cruz, del sufrimiento. Jesús es el Mesías, la encarnación del Reino. Sufrimiento y muerte son el precio que el Mesías tiene que pagar para cumplir su misión. Lo mismo sucederá con sus seguidores.

Las primeras palabras que Marcos pone en boca de Jesús son las que anuncian el Reino de Dios como una realidad inminente y presente. Desde ahí, Jesús invita a participar en el Reino, a convertirse.

En Mc 3:34-35, Jesús hace una proclamación revolucionaria: la más importante comunión entre las personas ya no es la familia de sangre, sino la comunión en Jesús, que por su Espíritu constituye una nueva familia, la del Pueblo de Dios.

En Mc 8:27-38 hay un cambio radical en la perspectiva mesiánica con respecto al Antiguo Testamento. El Mesías será rechazado por los líderes de la religión oficial, será perseguido y finalmente lo matarán. Pero su muerte no será la derrota definitiva. El Mesías resucitará y formará un nuevo pueblo de entre todas las naciones. El precio a pagar por los que quieran seguirlo hasta el final es la cruz, encarnada en miles de formas diferentes.

Jesús llama a algunas personas a compartir su intimidad. Pero, al mismo tiempo, las compromete a participar en su misión, continuándola a través de las obras que manifiestan el Reino: exorcismos, curaciones, opción por los pobres... (Mc 3:12-15).

**– En el evangelio de Mateo**

Este evangelio presenta a Jesús como el maestro de un nuevo camino. Jesús es la plenitud de todo aquello que los judíos habían esperado durante generaciones.

Mateo organiza su material en cinco secciones, sugiriendo un cierto paralelo con el Pentateuco, es decir, los cinco primeros libros de la Biblia judía. Frente a Moisés, el promulgador de la antigua ley, Jesús es el nuevo Moisés que proclama la nueva ley. Mateo ofrece la genealogía de Jesús como descendiente de Abraham, indicando de este modo que Jesús representa la plenitud de la antigua Ley. Sugiere también en el relato de la matanza de los inocentes un paralelo con la muerte de los primogénitos hebreos decretada por el Faraón. Como Moisés, también Jesús se salva del peligro. También como el Decálogo, la nueva ley, el sermón que sirve de base a toda la predicación de Jesús, es pronunciada en una montaña.

En Mateo el Reino de Dios se manifiesta a través de agentes inesperados (los pobres, los que lloran, etc.). Ellos son los que deben transformar la sociedad, siendo sal y fermento[49]. Mateo es abundante en parábolas.

---

49. Mons. Pedro Casaldáliga habla de las siete actitudes del nuevo Pueblo de Dios, que opta por los pobres: Primera, contemplar al caminar. Segunda, interpretar la realidad. Tercera, compadecerse de todo

**– En el evangelio de Lucas**

Lucas presenta un Jesús Universal. Por ello su genealogía nos ofrece los orígenes de Jesús hasta Adán y no sólo hasta Abraham como en Mateo. Por eso también Jesús ofrece su doctrina en una llanura, situado al mismo nivel donde están todas las personas, todos los pueblos. El Evangelio de Lucas y los Hechos de los Apóstoles, que son su continuación, subrayan el papel del Espíritu que viene sobre los hebreos (cenáculo) y sobre los paganos (casa de Cornelio, donde el Espíritu llega incluso antes de recibir el bautismo).

**– En el evangelio de Juan**

El evangelio de Juan, escrito alrededor del año 90, presenta dos bloques bien diferenciados: el libro de las señales (1:19-12; 50) y el de la exaltación (13:1-20; 31).

El simbolismo es muy fuerte en este Evangelio. Así por ejemplo, el llamamiento de los discípulos se prolonga durante siete días, como señal de que se está produciendo una nueva creación; y también los signos, o milagros de Jesús son siete: multiplicación del vino en Caná, la curación del hijo de un señor importante, la curación del paralítico en la piscina de Bethsaida, la multiplicación de los panes, el caminar sobre las aguas, la curación del ciego y la resurrección de Lázaro.

Son temas fundamentales de este evangelio: Jesús como luz, palabra de Dios, amor de Dios hacia toda la creación, amor como esencia del discipulado, señales, la gloria de Dios que se refleja en Jesús y ahora está presente en el misterio de su Iglesia, el retorno de Jesús a su Padre (suponiendo la pre-existencia de Cristo), el envío del Espíritu, la vida eterna que ya comienza, la Iglesia y los sacramentos como extensión de la glorificación y de la vida de Cristo en nosotros por el Espíritu.

**– En la perspectiva de Pablo**

Los temas fundamentales de Pablo son:

- en Jesús Dios entró en la historia humana y comenzó una nueva edad; Cristo es el centro de toda vida, revelación

sufrimiento. Cuarta, compartir la pobreza. Quinta, estructurar la solidaridad. Sexta, organizar las luchas, las victorias, las esperanzas. Séptima, anunciar, dar testimonio, celebrar, esperar el Reino de los pobres.

del Padre y de su plan, y primicia de lo que será la vida de todos;

- por Cristo y en Él, lo humano y lo divino se interpenetran;
- todos los pueblos son solidarios en Cristo;
- el ágape o amor es un llamado para todos;
- fe personal, cruz, muerte y resurrección: todas son realidades ligadas a la redención;
- el trabajo del Espíritu en cada uno y en la comunidad une a Jesús y a su plan.

Jesús es la plena manifestación de Dios y por eso mismo es la más completa revelación sobre la persona humana (su vocación y objetivos) y sobre el mundo material. El Padre entregó todo al Hijo (Mc 11:27). Jesús recapitula todas las cosas[50]. Viene a compartir su visión y experiencia de Dios; a restablecer la relación de amor con Él, superando la ruptura del pecado individual y colectivo; a crear una nueva comunidad, un nuevo pueblo universal.

Jesús, en efecto, manifiesta la verdad sobre la meta colectiva de la historia, que es Dios; sobre la vocación irrenunciable de la humanidad, que consiste en ser sujeto corresponsable con Dios; y sobre el "señorío comunitario" de servicio y responsabilidad sobre el mundo.

La creación es para ser compartida, debe estar al servicio de todos. La nueva humanidad está llamada a ser una única y gran familia. Está formada, por tanto, de hermanos y hermanas.

En ella hay que dar prioridad a los más necesitados, a los más pobres. Dios es Padre/Madre de todos. Es el que nos ama primero y gratuitamente. Él se relaciona íntima, personal y comunitariamente con cada ser. En Él está la plena realización de la humanidad. La Iglesia es la comunidad de los amigos y discípulos de Jesús. Por Él instituida, es asistida y enviada por Él como señal, mediación y primicia de su propuesta del Reino.

---

50. Carlos Mesters, *Nuevas situaciones, inserción y Palabra de Dios,* Centro Bíblico Ecuménico, Buenos Aires, p.15.

# ANEXO 3

## ORACIONES EN TORNO AL PADRE NUESTRO

Recogemos a continuación algunas oraciones inspiradas en el “Padre Nuestro”. Han sido compuestas por diversas comunidades cristianas.

A) Una lectura desde la vida

*Padre nuestro...* Padre mío y Padre tuyo. Padre de los que quiero y de los que me quieren. Padre de tantos otros que quieren hacerme daño y a quienes yo quiero herir. Padre nuestro... ¡Qué duro es sentirse hermano de todos los hijos de ese Padre Nuestro!

*Santificado sea Tu nombre.* Y ningún otro nombre. Ni siquiera el nombre de la Patria. Ni el nombre de las Madres. Ni mi nombre que a veces me suena tan importante. Tu nombre.

*Venga tu reino.* Ese difícil reino de la justicia. El casi imposible reino de la paz. El reino en que todos haremos lo que tenemos que hacer. Donde el poder de los hombres no puede nada. Tu reino. Donde el oro no puede comprar lo que Tú no quieres dar.

*¡Hágase Tu voluntad, así en la Tierra como en el Cielo!* ¡Cuántas veces la mía está contra la tuya! Cuántas veces quisiera torcer la tuya, ignorarla, para poder hacer la mía.

*Y líbranos del mal.* Del mal que aparenta ser el bien. Del mal que nos deslumbra. Del mal que nos complace. Del mal que no queremos dejar porque a veces tenemos vergüenza de ser buenos.

*Enséñanos a orar.* Enséñanos a querer orar, Padre Nuestro... Tu voluntad difícil. Tu voluntad recta. Tu voluntad profunda. Tu voluntad inmensa. ¡Y mi obediencia tan pequeña!

*Danos hoy nuestro pan de cada día.* ¿Y por qué sólo hoy? ¿Por qué sólo el de cada día? Sería tan bueno que nos dieras hoy mismo nuestro pan para muchos días, para no preocuparnos del trabajo ni tener que compartir lo que tenemos. Pero, mejor, danos hoy lo que sepas que necesitamos, para que no nos olvidemos de pedirte otra vez cuando mañana sea hoy...

*Perdona nuestra ofensa...* Perdonar... Que nos perdones. Que nos quites de encima tanta culpa y tanta deuda. Pero, Señor, qué condición tan dura; que perdonemos antes a los que nos ofenden. Si tú perdonas, Señor, ¿cómo no voy a perdonar yo, que he ofendido tanto?

*No nos dejes caer en la tentación.* No nos dejes buscar la tentación. No nos dejes desconocer la tentación. No nos dejes escoger la tentación. No nos dejes ser la tentación.

B) Desde otros textos de la Biblia

Otras comunidades han comentado de la siguiente manera las diferentes partes del "Padre Nuestro".

Estás en el cielo

No se trata de distancia, sino de excelencia. Esta expresión dice algo acerca del misterio de Dios, que está cerca de cada uno, conoce sus miserias y debilidades, es testigo de sus anhelos más recónditos y está siempre dispuesto a perdonar. Pero, al mismo tiempo, es el que es infinitamente diferente. Es el Dios siempre mayor. Es nuestro Padre.

Proclamar que Tú eres santo

El nombre de una persona, en el lenguaje de Jesús, significa la esencia, lo más íntimo de ella. ¿Cómo se puede entonces santificar a Dios? Santo quiere decir justo, perfecto, bueno, puro, que tiene en sí toda la perfección y que, al mismo tiempo, se preocupa por sus criaturas y las ama. Nadie puede santificar, es decir, hacer santo a Dios, pero sí se puede proclamar que Dios es Santo.

Llegue tu reinado

El reinado de Dios que la Escritura describe con rasgos tan atrayentes ("De las espadas forjarán arados y de las lanzas podaderas... No alzará la espada pueblo contra pueblo, no se adiestraran para la guerra", Is 2:4) es la permanente utopía de la humanidad, la esperanza nunca alcanzada de los creyentes. El Reino de Dios es ya una realidad... Hace pensar en tantas personas que conocemos y que son generosas, olvidadas de sí, entregadas a los demás. Ellas hacen sentir y palpar la presencia de Dios en la tierra. Pero, por otra parte, hay tanto odio, tanto crimen, tanta injusticia... Eso es lo que hace gritar a los creyentes: ¡Venga tu Reino! Ese fue el grito de Jesús.

Realícese tu designio en la tierra como en el cielo

¿Cuál es el designio de Dios sino el advenimiento de su Reino? Esta petición repite la anterior, ampliándola, porque el designio de Dios es la salvación de los pueblos, plan que en el cielo ya se realiza y que quisiéramos ver realizado en la tierra porque "lo que Dios quiere es que viváis consagrados a Él" (1 Tes 4:3) para colaborar en la salvación de todos. Esta colaboración debe ser libremente aceptada y supone, por lo tanto, el respeto a la libertad. El plan divino debe realizarse a pesar de las dificultades que se le oponen. Pedir la realización del designio divino es pedir que la comunidad humana se haga sensible a los dolores de las personas y esté abierta el sacrificio por todos. Sólo así se realizará en la tierra el designio de Dios.

Nuestro pan del mañana dánoslo hoy

Esta petición es la primera de las cuatro que se refieren directamente a las necesidades humanas. Se pide nuestro pan, en plural, el de todos, porque no se puede estar tranquilo comiendo el pan que falta a los demás. El pan es un término excepcionalmente rico en el lenguaje de la mayoría de los pueblos y épocas. Señala, ante todo, el alimento material necesario para la vida, necesidad indispensable, fundamento de todo derecho. Quien no tiene que comer fácilmente se vende como esclavo. Pero al pedir el pan material se están pidiendo también los medios para conseguirlo: vivienda, salud, educación, trabajo. No se trata de pedir un pan milagroso, sino de uno conseguido con el esfuerzo y la lucha de cada día. Esto supone solidaridad de todos, porque no es posible que todos tengan pan si hay algunos que acaparan los elementos necesarios para producirlo.

Nuestro pan

Se pide para todos. Es necesaria mucha fuerza espiritual para vivir como familia de Dios, para hacer el camino hacia Él sin desviaciones.

Perdónanos nuestras deudas como también nosotros perdonamos a nuestros deudores.

Esta petición es un colocarse de cara a los propios pecados y a la vez de cara a la misericordia de Dios. Viene aquí a la mente el recuerdo del buen pastor que salió en busca de la oveja perdida, que no vino a llamar a los justos sino a los pecadores, que, en la cruz, pidió perdón para sus verdugos y prometió el paraíso al ladrón arrepentido. Pero viene también a la mente el recuerdo del siervo injusto que después de haber sido perdonado lo mucho no quiso perdonar lo poco (Mt 18:23-35). Ofensas e injusticias abundan en la vida. Si no hay un perdón generoso, la herida que dejan en el corazón irá creciendo hasta producir odios que degeneran en venganza. Resuena el "setenta veces siete" (Mt 18:2).

No nos dejes caer en la prueba

Esta petición lleva al fondo del corazón humano. Allí donde uno se siente frágil y limitado. Reconoce, además, que la vida presenta situaciones difíciles a las que Cristo mismo no escapó. Recuerda la escena del huerto. La tentación es también el medio de que sirve el Señor para hacer fuertes a los suyos, como dice el libro de Judit (8:25-27). Por eso, más de una vez Jesús nos dice: "Pedid no ceder en la prueba" (Lc 22:40).

Líbranos del mal

Al repetir esta invocación se hace una opción por Dios y por lo que es de Él.

C) Segun el *Catecismo de la Iglesia Católica* (n. 2794):

Padre Nuestro que estás en los cielos

No se trata de un lugar sino de una manera de ser. No es alejamiento de Dios sino proclamación de su majestad. Dios está más allá de todo cuanto uno pueda imaginar. "Los cielos podrían muy bien ser también aquellos que traen la imagen del mundo celeste, y en los cuales Dios habita y se pasea"[51].

Santificado sea tu nombre

No se lo toma en sentido causativo, pues sólo Dios santifica, sino en sentido estimativo. Se reconoce a Dios como santo (n. 2807); y se

---

51. San Cirilo de Jerusalén, *Catecheses Mystagogicae*, 5,11.

pide que su nombre sea santificado en nosotros, que estamos en Él, y también en los otros[52].

Tu reino

A partir de Pentecostés la venida del Reino es obra del Espíritu en la Iglesia... Reino de justicia, la paz y de alegría (Rom 14:17).

Tu voluntad

De que todos se salven y lleguen a la verdad (1 Tim. 2:3-4); de "que nos amemos unos a otros" (Jn 13:34), centrando todo en Cristo (Ef. 1:9-11).

Nuestro pan de cada día

Este pedido no puede ser separado de las parábolas del pobre Lázaro (Lc 16:19-31) y del Juicio Final (Mt 25:31-46).

Perdónanos como perdonamos

"Nuestro pedido comienza con una confesión, donde declaramos, al mismo tiempo, nuestra miseria y su misericordia" (n. 2839).

No caer en la tentación

Es un pedido para que no nos deje tomar el camino que conduce al pecado. Discernir entre la tentación y el consentimiento al pecado. "Con la tentación, Dios dará los medios de salir de ella y la fuerza para soportarla" (1 Cor 10,13).

Liberación del mal

"Que sea manifiesta la victoria ya alcanzada por Cristo sobre el Mal" (n. 2864).